10 INGOBERNABLES

Historias de transgresión y rebeldía

JUNE FERNÁNDEZ

LIBROS DEL K.O.

QUINTA EDICIÓN: noviembre de 2019

Calle Infanta Mercedes, 92, despacho 511
28020 - Madrid

ISBN: 978-84-16001-60-6
DEPÓSITO LEGAL: M-29891-2016
CÓDIGO IBIC: JFFK
ILUSTRACIÓN DE CUBIERTA E INTERIORES: Susanna Martín
ARTES FINALES: Artur Galocha
MAQUETACIÓN: María O'Shea
CORRECCIÓN: Zaida Gómez
IMPRESIÓN: Kadmos

IMPRESO EN ESPAÑA - PRINTED IN SPAIN

Las tipografías son League Gothic y Baskerville.

ÍNDICE

«Soy lo que me dijeron que no pensara,
que no dijera, no soñara, no me atreviera.
Soy lo que me dijeron que no fuera».

Joumana Haddad

«De cerca nadie es normal».

Caetano Veloso

GANAS DE COMPLICARTE LA VIDA

Yuri tiene treinta y tantos años, la piel negra clara, largas rastas y una tupida perilla. Viste vaqueros largos con los calzoncillos a la vista y una camiseta de manga corta corriente que cubre su cuerpo menudo y recto. De entrada parece un chaval, tal vez un chico transexual. Yuri es nerviosa e introvertida, pero en seguida se siente cómoda y me explica, con su mirada profunda y bondadosa, que no tiene ninguna duda sobre su identidad de género. Es una mujer. Tiene barba porque su cuerpo de mujer es así. No le da la gana afeitársela. Viste con ropa masculina porque le gusta. Ama y desea a otras mujeres, pero eso no tiene nada que ver. Se enorgullece de ser mujer y lesbiana.

Vive en un pequeño y oscuro apartamento ubicado en una de las calles peatonales más turísticas de La Habana Vieja. El salón es también su cuarto: duerme en un colchón en el suelo y junto a él tiene dos sillones para las visitas. Las paredes ajadas están llenas de sus dibujos y escritos erráticos. Su única compañía es una perra.

En La Habana no es fácil ser diferente y mucho menos pasar desapercibida. En esta ciudad no existe el anonimato.

Todo el vecindario la conoce y chismea. Es rara: tortillera, barbuda, solitaria. Vivió unos años en Barcelona, donde su androginia era mejor tolerada, pero tuvo que regresar a Cuba y la soledad ha hecho mella en su salud mental.

Esto último me lo contaron sus amigas las raperas cubanas Krudas Cubensi, esas que cantan a las gordas, a las negras, a las pobres, a las migrantes. Me las encontré en una terraza del bulevar Obispo, me presenté y me senté a comer pizza con ellas. Al día siguiente interveníamos juntas en una charla en la Unión de Escritores y Artistas de Cuba (UNEAC). Me hablaron de Yuri y las acompañé a visitarla a su casa. Las Krudas hablaban entusiasmadas de las disidencias de género que habían conocido en México y en Estados Unidos: de las identidades trans, la testosterona sintética, los juguetes sexuales, el porno alternativo. A Yuri esos temas no le interesaban. Es más, le irritaban. Ella repetía que no entendía de nuevas identidades ni de teorías posmodernas.

Al día siguiente vino a la charla y, cuando terminamos, se acercó a saludarme. Me dijo que le gustaría mucho quedar conmigo, enseñarme sus escritos y charlar tranquilamente, contarme su historia. Le prometí que me pasaría por su casa, pero me surgió un viaje fuera de la capital y tuve que posponer la visita hasta mi última noche en La Habana. Llamé a su puerta y no abrió nadie. Me sentí culpable por no haber priorizado ese encuentro: ¿se habría sentido rechazada también por mí?

No tomé apuntes de esas dos veces que charlé con ella. No recuerdo qué garabateaba en su pared. No recuerdo su tono de voz (creo que era grave y algo áspero) ni cómo era su perra. Su rostro se ha difuminado en mi memoria. No puedo contar su historia, al menos hasta que regrese a La Habana y toque de nuevo su puerta.

Una vez escribí en mi blog sobre la depilación, el sujetador, el maquillaje, los tacones: esos accesorios y prácticas que se nos imponen a las mujeres occidentales para remarcar el dimorfismo sexual y justificar con él las discriminaciones sexistas. «Allá afuera la gente sigue muriendo de hambre mientras debatimos sobre nuestros sobacos», me escribió un lector indignado con mis inquietudes frívolas y burguesas.

«Allá afuera», en La Habana Vieja, a Yuri los pelos de la cara le condicionan tanto como la exigua cantidad de arroz y frijoles que le asigna la cartilla de racionamiento. En «allá fuera» y «aquí dentro» —como si el mundo se pudiera dividir así, con un simple «nosotros» y «los otros»; como si en «aquí dentro» no hubiera también muchos «afueras» y viceversa— las personas con cuerpos, sexualidades y actitudes distintas topan con la discriminación, la incomprensión, la exclusión. Las personas que se salen de la norma, aquí y allá, también luchan, gozan, juegan, aman, conspiran. Convierten la vergüenza, el silencio y las cicatrices en orgullo.

¿Ser mujer y no depilarte la perilla? Qué ganas de complicarte la vida. ¿Salir del armario a los 40 años? Qué ganas de complicarte la vida. ¿Poner tu vida en riesgo por defender los derechos de otras personas? Qué ganas de complicarte la vida. ¿Vivir en una residencia de ancianos con monjas sin esconder la pluma? Qué ganas de complicarte la vida. ¿Empeñarte en mantener vivo un juego tradicional de mujeres que a nadie le importa? Qué ganas de complicarte la vida. ¿Reconciliarte con tu cuerpo en vez de llevarlo al quirófano para que te lo arreglen? Qué ganas de complicarte la vida.

Cuando la escritora Jeanette Winterson, recién cumplidos los dieciséis años, le contó a su madre que se había enamorado de una chica, esta le espetó: «¿Por qué ser feliz si puedes ser normal?». No puedo contar la historia de Yuri, pero sí otras diez historias de gente ingobernable, de gente de aquí y de allá que prefiere complicarse la vida que asfixiarse en el estrecho y absurdo modelo de normalidad.

1
EL DISFRAZ DEL CHE

«Yo viví en Nicaragua en plena guerra, ¿sabes? En 1984 participaba en una campaña de alfabetización. Cuando la Contra atacó nuestro asentamiento, me tiré de la silla de ruedas, repté durante kilómetros, sin darme cuenta atravesé la frontera de Costa Rica y topé con su campamento. Disparé, alcancé a varios. El Frente Sandinista de Liberación Nacional me condecoró».

Irina Layevska Echeverría me extiende su mano alargada y yo intento disimular la aflicción que me produce sentirla floja e inerte. Es una mujer menuda, de cabellera rubia y una mirada oscura. Sus piernas son tan flaquitas como los brazos. El torso, erguido y robusto, contrasta con las extremidades atrofiadas. Le hemos caído bien; su gesto duro y altivo, de barbilla bien alta, pronto se ilumina con una sonrisa pícara.

A Irina y a su esposa, Nélida Reyes, las acabamos de conocer en el restaurante de un lujoso hotel de Caracas, insólito escenario en el que el Ministerio de Cultura venezolano organiza un encuentro de intelectuales, artistas y activistas. Nos cuentan que llevan 25 años juntas y que se han casado dos veces. Bromeamos sobre el radar que tenemos las lesbianas: qué *alegre* habernos conocido en la primera noche.

Irina necesita la ayuda de Nélida para llevarse la comida a la boca. A cambio, puede manejar el celular: lo agarra con la parte interior de las muñecas, se lo acerca a la cara y aprieta la nariz sobre la pantalla táctil para enseñarnos fotos y agregarnos al Facebook.

Irina es sexóloga de formación, pero tiene un empleo de administrativa en la Universidad Nacional Autónoma de México. Nélida trabaja en el metro de México. Han venido a este encuentro para presentar un documental sobre sus vidas: *Morir de pie*, dirigido por Jacaranda Correa[1].

—¿De qué trata?

—De nosotras, de nuestra pareja, de la enfermedad… Nos haría mucha ilusión si mañana llegan a la proyección. También estaremos organizando un acto en repulsa por la desaparición de 41 estudiantes en Ayotzinapa.

Irina clama contra el presidente Enrique Peña Nieto con una voz aguda y quebrada. La esclerosis múltiple le ha afectado a la tiroides y la tiroides al grosor de la laringe y el grosor de la laringe le ha provocado una afonía crónica, agravada ahora por el aire acondicionado polar de las instalaciones venezolanas. Es la suya una vehemencia interrumpida. Hace pausas, coge aire: la fatiga de la enferma crónica. Pero la tentación de compadecerse por su salud, su voz quebrada, su silla de ruedas desaparecen ante su carisma apabullante, su sentido del humor ácido, que es la vacuna contra la amargura, y la dignidad con la que se niega a que la traten como inválida: «La pinche lástima me encabrona».

[1] En YouTube se pueden encontrar tráileres y entrevistas en televisión tanto a Irina como a la directora. Por dificultades con los derechos de autor, Irina está teniendo problemas en poder difundir el documental completo por Internet.

* * *

«Morirá antes de los veinte años», advirtieron los médicos a su familia cuando Irina era pequeña. Fue una infancia marcada por la soledad: cuenta que su papá no se ocupaba de cuidarla y que su mamá, muy involucrada en política, se sentía avasallada ante la enfermedad de su pequeña. «Sentí que o gritaba o me moría. Y así me fui haciendo rebelde, irreverente, insatisfecha».

Vivió sus primeras humillaciones con solo cuatro años, cuando acudía a la cárcel a visitar a su padre, detenido por su implicación en el movimiento estudiantil del 68. Durante aquellas visitas, los guardias le obligaban a quitarse sus pesados aparatos ortopédicos para revisarlos. A veces no le dejaban pasar con ellos, y entonces ella gritaba y pataleaba hasta que el jefe de guardia comprendía que la única manera de dominar ese berrinche volcánico era dejarle pasar. Estos episodios le hacían sentirse presa y aislada. Como no podía contar en la escuela que su papá estaba preso por comunista, sentía que no tenía verdaderas amistades.

En 1972, su padre salió de la cárcel y la llevó a Rumanía a operarle de una pierna. La dejó en el hospital y se fue a viajar por Europa. «En los ocho meses que estuve ingresada, con puros niños rumanos, sin hablar ni papa de rumano, no lo vi». Acumuló rencor contra el padre distante y autoritario, pero empezó a seguir sus pasos. Al regresar a México siguió visitando en la cárcel a presos políticos amigos de la familia: el padre odiado le había plantado el germen de la conciencia política. Su ídolo era el Che Guevara: le fascinaba ese héroe que no se dejaba derrotar por el asma. Irina fantaseaba con que el Che era su papá, en vez de ese señor que la humillaba y despreciaba por considerarla débil. Miraba la foto del revolucionario argentino y se imaginaba siguiendo su ejemplo: «Yo quería ser como él».

Mientras tanto, los médicos seguían sin dar con su diagnóstico. Que si polio, que si espina bífida. En 1979, la peregrinación médica la llevó al Hospital Clínico Central de Moscú. Al menos tuvo buena compañía: una enfermera de veinte años, bajita, pecosa, platicadora y risueña, con la que compartió sus secretos. Y también pudo hacer relaciones públicas de altos vuelos: en ese centro atendían a dirigentes de partidos comunistas de todo el mundo.

Allí estaba hospitalizada la madre del cofundador de las FARC, Manuel «Tirofijo» Marulanda. Irina le recuerda con fascinación: «Fue un maestro para mí, me orientaba en lecturas y las analizábamos. Era un sujeto jovial y muy coqueto, le gustaban mucho los chistes de doble sentido, y le gustaba bailar. Él podía hablar con total sencillez y también desmenuzar las teorías más complicadas y traducirlas a un lenguaje mortal»[2]. El centro de atención era Daniel Ortega; el triunfo sandinista era muy reciente y su líder —un tipo alegre y sencillo— acaparaba todas las atenciones cuando iba a visitar a sus compañeros.

[2] Tirofijo fue comandante en jefe de las FARC hasta su muerte en 2008. Sobre él pesaban centenares de órdenes de captura. El Centro Nacional de Memoria Histórica no puede, con los datos existentes, distribuir estadísticamente la responsabilidad sobre los 220 000 casos de homicidios y los cinco millones de desplazados que ha ocasionado el conflicto armado interno desde 1985. Pero sí detecta algunos patrones, como estos que condensa el medio digital *Semana.com*: «Los paramilitares son responsables del 60% de las masacres y de casi el 40% de los asesinatos selectivos sobre los cuales hay registro de responsabilidad. A las guerrillas se les atribuye más del 90% del total de secuestros (solo las FARC tienen más de 12 000 de los 27 000 secuestros relacionados con el conflicto), 75% de los casos de reclutamiento de menores y la casi totalidad de la siembra de minas antipersonales. Según denuncias de las víctimas, el abandono y despojo de tierras es responsabilidad casi por partes iguales de los paramilitares y las FARC. Igual ocurre con las cifras de violencia sexual, en la que paras y guerrilleros serían responsables de alrededor de 350 casos cada uno, de los más de 1700 registrados».

Ortega era la estrella del hospital; Yasser Arafat, el marajá: «Era un tipo imponente y se movía como dueño del mundo». El hospital comunista proporcionó una suite privada y privilegios varios al líder palestino. Un día, Arafat le hizo llegar a Irina, a través de su traductor, una oferta difícil de rechazar: quería casarse con su madre a cambio de dos camellos y un pozo de petróleo en Irak. La mamá de Irina no se sintió precisamente halagada: aporreó la puerta de Arafat y le gritó: «Usted no puede querer cambiarme por cosas, yo no estoy a la venta, ni todo el petróleo del mundo vale lo que yo».

«A pesar de la rotunda negativa, Arafat no cesó en su oferta, asegurando que mi mamá podría llegar a ser una de sus mejores esposas. Yo no sé si será alarde o en verdad tenía un harén», se pregunta Irina.

Codearse con esos mandatarios que charlaban de política en la sala de fumadores del hospital le motivó a querer enrolarse en alguna aventura revolucionaria: «Yo sentía que México era el país más *light* de todos los que estaban ahí. Incluso mi misma condición de paciente, porque iba por una cuestión clínica y los demás, por secuelas de tortura, por lesiones de guerra, amputaciones… Yo iba simplemente a un tratamiento. Entonces me sentía muy pendeja».

Dos años después empezó a usar silla de ruedas. Le daba terror la idea de quedarse postrada a una cama. Y ese miedo la animó a irse a una Nicaragua en guerra. «Sentí que me iba a morir. Es más: me quería morir. Y, entonces, morir en una circunstancia de lucha, como el Che, era más romántico. Que me den un balazo, para tener un pretexto».

Una de sus labores en Nicaragua fue entrenar a combatientes lisiados. Ella bien sabía que la discapacidad se vive como una pequeña muerte. Los guerrilleros aprendían a utilizar sus miembros afectados por heridas de guerra y sentían que podían seguir luchando.

Fue a Nicaragua para tentar a la muerte, pero no tuvo suerte; vio a compañeros caer al primer balazo y a ella nunca le alcanzó ningún tiro. «Se dice que cuando te toca, te toca, y cuando no, aunque te pongas. Y por más que me puse, no me tocó». Estuvo cerca esa vez en la que se aproximó junto con sus compañeros a un campamento de la Contra. Iba armada con un AK-47 y un fusil checoslovaco chiquito, ligero y práctico.

—Avisamos, atacamos y ganamos.

—¿Cómo te sentiste?

—Omnipotente. Todopoderosa. Invencible.

* * *

En 1989 cayó el muro de Berlín, en 1991 se desintegró la Unión Soviética y en 1991 Irina y Nélida se conocieron en Cuba. Si un aleteo de una mariposa en China produce un terremoto en la otra esquina del mundo, un terremoto geopolítico en el corazón de Europa puede ser el comienzo de una historia de amor en el Caribe.

La caída del bloque comunista y el recrudecimiento del embargo estadounidense produjeron efectos devastadores en la economía cubana. Son los años del crudísimo «periodo especial»: entre 1990 y 1993 el PIB cubano se redujo un 36%. En ese contexto, Irina participó en la creación de un comité de solidaridad que promovía la donación de petróleo mexicano al pueblo cubano. En 1991 aterrizó en Cuba y, en plena incertidumbre económica, Irina recibió una certidumbre médica; fueron los especialistas cubanos los primeros que acertaron con su diagnóstico: le confirmaron que tenía esclerosis múltiple.

En aquella época, Nélida estaba sobreviviendo a los conflictos laborales del convulso metro del D. F. Señalada por su compromiso sindical, en 1987 unos sujetos habían disparado contra su taquilla. «Lo más aterrador es que uno de los tipos se paró frente a mí, nos miramos a los ojos y pensé: "Este *güey* vino a matarme". Salté por el susto y la bala me rozó». Rozar la muerte le llevó a decidir que quería serle más útil a la vida. Una de las maneras fue afilarse al PRT y sumarse a su comité de solidaridad con Cuba.

Y ahí conoció a Irina. Se enamoraron y se casaron en la isla. Fue una ceremonia sencilla, con ropa de calle, a la sombra de una ceiba. Prometieron, ante la mirada llorosa de sus compañeros comunistas, amar y defender juntas la Revolución. Pero entonces, Irina no se llamaba Irina.

* * *

«El Che hablaba de la creación del Hombre Nuevo, y el Hombre Nuevo todavía no existe. Hay nuevos hombres, pero el Hombre Nuevo no hay».

En una grabación casera, un joven habla del futuro de la Revolución cubana después del golpe que supuso la caída de la URSS. Estamos en la proyección del documental *Morir de pie*, ese que repasa la vida de Irina y su relación con Nélida. Pero en la pantalla no vemos a Irina, sino a un chaval moreno, con barba silvestre, bigote frondoso y cigarrillo en mano. Es menudo, sus brazos son flaquitos, pero su torso, erguido y robusto. Su mirada es oscura y profunda. Es Irina antes de nacer.

El detonante fue el miedo a la ceguera. Llevaba un año yendo casi a diario al hospital: un año de análisis, consultas, resultados, malas noticias. Los médicos le anunciaron que el siguiente golpe de la enfermedad sería la pérdida de la visión. Estuvo cerca de suicidarse, pero su esposa apareció a tiempo.

«Tu problema es que no has explorado tu feminidad, que no te permites llorar, sentir», dijo Nélida.

Esas palabras quedaron resonando en la cabeza del joven revolucionario que admiraba a héroes asmáticos invencibles. Pensó que, si hubiera vida después de la muerte, le gustaría ser mujer. Un día, se permitió llorar. Una noche, se probó un vestido de su esposa. Por primera vez, *durmió de un solo.*

Se afeitó el bigote y la barba, enterró la boina, transformó su cabellera azabache en una melena dorada y se volcó en una nueva revolución: renacer. El 24 de agosto de 2001 se presentó ante su esposa como Irina Layevska, el nombre de la enfermera rusa con la que compartía confidencias en el Hospital de Moscú. «Ella fue la primera persona a la que le dije que ser hombre me estaba matando, que hubiera deseado ser mujer». Lejos de juzgarla, la enfermera Irina la escuchó, la comprendió y le guardó el secreto. «Por eso la conmemoré con mi nombre».

Hoy cree que su admiración por el Che le sirvió para tener un disfraz con el que travestirse, con el que fingir una identidad masculina impuesta. Hoy recuerda que en la infancia soñaba que era niña y que tenía trenzas largas y hermosas como las de su prima.

En nuestra segunda cena juntas, aún perplejas con la película («Queríamos reservarles la sorpresa», ríe Nélida), Irina se descubre el hombro y nos enseña un enorme tatuaje en su espalda: es una mariposa morfo azul. Simboliza su metamorfosis.

* * *

Dice Nélida: «Cuando Irina me dijo que llegó y que llegó para siempre, yo me quedé muy impactada; me sentía como si no supiera nada de la vida». Nunca había tenido cerca a una persona trans y ella era heterosexual. La noticia le suponía una crisis no solo de pareja, sino existencial. Si su marido ahora era mujer, ¿eso las convertía en lesbianas? Y luego estaba «la etapa Barbie»: Nélida, que no se preocupaba mucho por la estética, asistía desconcertada a la relación de su hasta entonces marido con el maquillaje y los tintes. «Me enojé, me frustré, me separé de Irina».

Pero no podía separarse mucho. La enfermedad de Irina exigía muchos cuidados y su familia le dio la espalda. En el vecindario la señalaban y discriminaban. Llegaron a organizar recogidas de firmas para echarla del barrio por considerarla un atentado contra la moral. En las organizaciones políticas no le fue mejor. Por aquel entonces, instalada de nuevo en México, la pareja colaboraba con el Ejército Zapatista de Liberación Nacional (EZLN). Un destacado dirigente zapatista expulsó a Irina bajo el siguiente argumento: «Si traicionaste a tu género, puedes traicionar al proyecto». Nélida era prácticamente su único apoyo.

Fueron años difíciles. Estuvieron casi dos años separadas aunque compartieran techo. Nélida se volcó en la lucha sindical y en una terapia en la que iba decidiendo cómo replantear su matrimonio. «Dice Marisol [la terapeuta] que podemos ser hermanas. ¿Te gustaría ser mi hermana?», le soltó un día a Irina. «Pues de ser hermanas a no ser nada, prefiero ser una hermana incestuosa», recuerda Irina entre risas. Acompañada por su psicóloga, Nélida empezó a reconocer en Irina los valores y las virtudes que amaba de su pareja: «Me di cuenta de que era la misma persona que yo conocí. Lo que cambió fue su imagen». Para demostrarle su apoyo, le regaló un frasquito de Chanel Nº 5.

El tratamiento hormonal surtió efecto en un par de meses y lucía espectacular con su melena dorada. «No mames, Irina, tal y como es tu papá, te va a andar ligando, *güey*, ni cuenta se va a dar de que eres tú», le dijo un día Nélida. Irina sigue siendo coqueta. Viste camisetas ajustadas de colores vivos, adorna sus ojos con *eyeliner* y gafas de sol de diva, y luce unas uñas pintadas de naranja fosforito.

Ella tampoco conocía a ninguna trans, se sentía sola en el mundo, se preguntaba si estaba loca. Hasta que inició una terapia con un sexólogo. Se quedó tan maravillada que decidió estudiar sexología ella también, para entenderse mejor, para conocer su cuerpo y la sexualidad humana libre de mitos y de prejuicios. «Además, siempre fui una persona muy sexual, muy cachonda. Si la máxima es que los sexólogos saben tener buen sexo, yo quería eso», ríe.

Irina siempre habla de sí misma como Irina, aunque se refiera a episodios anteriores a su cambio de sexo. No se siente transexual; se siente mujer: explica que la transición terminó cuando su entorno asumió su nueva identidad. Y, en concreto, cuando pudo tramitar el cambio de nombre y sexo. Entonces volvió a casarse con Nélida: fue un matrimonio entre dos mujeres[3]. Antes tuvieron que divorciarse, porque el estado civil de Nélida seguía siendo de casada, con un señor de apellido Echeverría que ya no existía.

* * *

[3] En 2009, la Asamblea Legislativa del Distrito Federal reformó el artículo del Código Civil que definía el matrimonio como la unión libre de un hombre y una mujer. Por consecuencia, el matrimonio entre personas del mismo sexo está permitido desde la entrada en vigor de la reforma, en 2010. Este Código civil permitía desde 2008 levantar una nueva acta de nacimiento que permitiera el cambio de sexo en los documentos oficiales. En 2015, la Suprema Corte de Justicia de la Nación declaró inconstitucionales las leyes de otros estados mexicanos que impedían el matrimonio entre personas del mismo sexo.

«¡Chávez vive, vive! ¡La lucha sigue, sigue!». Los puños izquierdos de Irina y Nélida se alzan firmes cada vez que alguien menta al «comandante eterno». Están encantadas de estar en Caracas. Irina hasta se ha comprado un chándal con los colores de la bandera venezolana (amarillo, azul con estrellas y rojo), como el que vestía Hugo Chávez y, ahora, Nicolás Maduro. La programación del evento incluye largas horas de secuestro en las que tenemos que escuchar los soporíferos discursos de señores que disertan sobre la justicia social y ensalzan la Revolución bolivariana. El discurso de Maduro, de unas tres horas de duración, es de los más entretenidos: evoca incluso cómo la CIA envenenó al movimiento *hippie* mediante el LSD[4].

En público, Irina se muestra entregada; en confianza, es más crítica. Acumula ya demasiadas desilusiones hacia los procesos revolucionarios. Primero fue el sandinismo: «Estuve dispuesta a dar la vida por la Revolución nicaragüense, pero el Frente se dividió, y aún hoy mantiene rezagos de la dictadura de Somoza[5]». Después, el zapatismo. Que la expulsasen de la organización por su transición de género fue todo un golpe emocional y político. «Sentí quedarme huérfana, pero

[4] En enero de 2015, Antena 3 dio una exclusiva: un viaje secreto a Venezuela, pagado por Nicolás Maduro, demostraba los supuestos vínculos entre la CUP, Podemos y ETA. De secreto tenía poco: independentistas vascos y catalanes, así como integrantes de la formación morada, estaban invitados a este encuentro del Ministerio de Cultura, entre 300 participantes, yo incluida. Publiqué una crónica en *eldiario.es*, titulada con sarcasmo «Yo también estuve en el *viaje secreto* a Venezuela».

[5] La Revolución sandinista logró derrocar la dictadura de la dinastía Somoza en 1979. Daniel Ortega presidió el gobierno del Frente Sandinista de Liberación Nacional hasta que perdió las elecciones en 1990. Para volver al poder, Ortega buscó el apoyo de la Iglesia católica. Vuelve a gobernar el país desde 2006, bajo un lema que refleja el alcance de esa alianza: «Nicaragua: cristiana, socialista y solidaria». En 2013 logró que la Asamblea Nacional aprobase una reforma constitucional que permite su reelección indefinida, entre otras facilidades, para perpetuarse en el poder. Para entender mejor la historia reciente de Nicaragua y la deriva del sandinismo, recomiendo el documental *Palabras mágicas (para romper un encantamiento)*, disponible en YouTube.

después entendí que la Revolución es más grande que las personas. El EZLN tuvo un momento de mucha luz, pero cuando una está dentro, el trabajo clandestino la hace callar, y a mí me molestaba mucho el culto al subcomandante Marcos».

—¿Y no te molesta el culto a Chávez?

—Sí. Puedo entender el papel histórico que cumplió, fue un gigante, pero un pueblo no debe sujetarse a un fantasma. Maduro es un verdadero estadista, pero la imagen de Chávez lo achica.

El proceso bolivariano le ha entusiasmado y emocionado durante años, pero le parece que es «una revolución inconclusa». Le decepciona que no se haya podido atajar la criminalidad, que el Gobierno no termine de despenalizar el aborto y que muestre escaso compromiso hacia las personas con discapacidad. Su participación en el encuentro se ha visto condicionada por las barreras arquitectónicas de los anfiteatros en los que se celebraban las mesas redondas o por la falta de rampas en los autobuses que transportaban a los participantes. «Caracas es una ciudad absolutamente inaccesible».

Irina sigue siendo una ferviente militante comunista, pero los machos de izquierda no la reconocen como cuando lucía barba y bigote. Asegura que el 90% de su entorno político le dio la espalda. Recibió insultos y burlas. «Algunas hicieron alianzas macabras con mi madre para hacerme pasar momentos muy jodidos». Quienes se han quedado cerca de ella son, en su mayoría, mujeres y feministas.

En realidad, antes de definirse como mujer ya chocaba con el machismo-leninismo. Nunca fue un hombre al uso: «Cuando un hombre me preguntaba con extrañeza: "¿Lavas tus trastes? ¿Cocinas?", pues yo contestaba con sorpresa: "¿Y tú no?"». Las novias de sus compañeros de militancia se desahogaban con Echeverría, y entonces ellos se enojaban por esa falta de corporativismo masculino. También era sensible a la violencia contra las mujeres. Desde que se asumió como mujer, ha identificado los privilegios masculinos de los que gozaba anteriormente. «Ahora que vivo en carne propia las agresiones machistas, vivo la lucha feminista con mayor congruencia».

No es complaciente ni con su idolatrado Che. Cuando todavía vestía como él, tuvo la oportunidad de conocer a una de sus hijas, a Hilda. «Es increíble que te parezcas más a mi papá que sus propios hijos», le dijo ella. Platicaron sobre esa contradicción del héroe mítico dispuesto a sacrificar todo, incluso a los hijos y a la compañera. «Su esposa Aleida tiene una parte gigantesca de heroicidad, por sacar adelante sola, con el apoyo del Estado pero como madre soltera, a cuatro hijos».

Irina también ha seguido de cerca la evolución de Fidel Castro. En la primera década de su mandato, se asociaba la homosexualidad con la decadencia burguesa y con el imperialismo. Ser un desviado era incompatible con ser un verdadero revolucionario. Los gais (las lesbianas eran invisibles) sufrieron discriminación laboral, hostigamiento policial e internamientos en campos de trabajo hasta 1979, cuando las relaciones entre personas del mismo sexo fueron despenalizadas; el mismo año que en España[6].

Irina reconoce que Fidel era muy machista, pero valora que ya en la vejez haya rectificado sobre sus políticas homófobas[7]. Su sobrina Mariela hizo de «pepito grillo». La hija

[6] En Nicaragua, por cierto, la «sodomía» fue delito hasta 2008. El Código Penal que excluía por fin las prácticas homosexuales introdujo la penalización total del aborto.

[7] En 2010, en una entrevista para *La Jornada* de México, Castro reconoció que fueron «momentos de una gran injusticia». Aunque dijo que el clima homofóbico surgió desde las bases, y lo atribuyó a una cultura que también era machista y racista, añadió: «Si alguien es responsable, soy yo». No asume que él promoviera políticas como la de

de Raúl Castro, directora del Centro Nacional de Educación Sexual de Cuba (CENESEX)[8], le ha contado a Irina que pasó varias noches hablando con el comandante en jefe sobre diversidad sexual y de género. «Fidel estaba encantado escuchando. Al principio no entendía, pero finalmente le convenció».

Una de las frustraciones de Irina es que la invitan sobre todo a foros de transexualidad y de diversidad funcional. Dice que no le gusta encasillarse, que le gustaría ser reconocida en más ámbitos del activismo social. Está volcada en denunciar las desapariciones de Ayotzinapa y también dedica buena parte de su jornada a apoyar al colectivo de trabajadoras de la plantilla del metro en el que Nélida sigue dando la batalla. «Por primera vez estamos en pláticas con la empresa y parece que hay voluntad de resolver injusticias de más de 40 años. Eso al sindicato le enfurece porque nos saltamos su interlocución», cuenta orgullosa.

Tiene una amiga, Gloria, que preside una asociación trans y que sí que reivindica esa identidad. Si un mesero le llama «señorita», contesta con su vozarrón: «Yo no soy señorita, soy trans». Se conocieron en Cuba, antes de sus respectivos procesos de transición de género. «Entonces, Gloria tenía un parecido impresionante con Jim Morrison. Nos decían el Morrison y el Che». Se reencontraron y Gloria ha intentado sumarla sin éxito a su activismo: «Yo no me siento trans», insiste.

---

enviar a homosexuales a campos de trabajo bajo la acusación de ser contrarrevolucionarios. Expone que estaba inmerso «en la guerra» con Estados Unidos y que no se ocupó de frenar esas medidas.

[8] Para contar con una perspectiva crítica sobre las políticas LGTB en Cuba hoy en día, recomiendo mucho seguir la pista al Proyecto Arcoíris, un movimiento LGTB que se define como socialista, pero que no es en absoluto complaciente con el castrismo. Ver mi entrevista a una de sus integrantes más destacadas, Yasmín Silvia Portales Machado, en este mismo libro.

Pero la transfobia sigue acechando en su propio barrio. Es el entorno más violento para ella. Y para las víctimas vicarias: su prole gatuna. Las redes sociales de Irina muestran su devoción por los felinos: los tiene de foto en todos sus perfiles. Ha llegado a tener hasta diez al mismo tiempo; ha perdido a cuatro y sospecha de su vecino. «La rabia y el dolor se suman al deseo enorme de hacerles justicia. Aquí estoy y no les tengo miedo. Enfréntenme a mí y dejen en paz a mis seres amados», escribió en el Facebook a raíz de uno de esos episodios. Junto con Nélida, los mininos son su familia. De hecho, la mariposa que tiene tatuada incluye en sus alas los ojos de uno de sus gatos.

* * *

La escena es larga y a ratos resulta angustiosa. Irina entra a su habitación desnuda, recién salida de la ducha, y salta de la silla de ruedas a su cama. Pasa largo rato luchando con los tirantes de su sujetador deportivo ante la atenta mirada de su gato. No logra estirarlos lo suficiente con los dedos así que los agarra entre los dientes y tira con fuerza hasta colocarlos sobre sus hombros.

Es la escena que más le costó rodar. El desnudo es lo de menos. De hecho, ahora se siente más a gusto con su cuerpo. Antes de la transición, jamás se dejaba ver en bañador. Ahora le encantan los *shorts* y las minifaldas. «No me gusta mi panza y quisiera tener más pecho —ríe—, pero me gusta verme. Me veo como siempre tuve derecho a verme».

Cuando le dijeron que el documental tenía que registrar su cotidianidad, incluido cómo se baña y se viste, tardó meses en decidirse. Todavía hoy se resiste a ver esa parte de la cinta. Muestra su pérdida progresiva de habilidades y la incertidumbre de qué será lo siguiente. Hace tiempo que ya no puede atarse los cordones de los zapatos. Es una mujer fuerte, pero ya se siente cansada. «Cuando no tienes control de tu cuerpo, se te va la vida».

—Irina, ¿por qué crees que has llegado a los 50?

—Por pinche mala suerte. [Risas] Cuando llegué a los 40 lo disfruté, pero cuando cumplí 50 lloré mucho. Puede ser un triunfo, puede ser burlarme de la muerte, que además la conozco cara a cara. Nunca la he temido, a veces la siento mi amiga. Me quiere tanto que no me lleva, la pendeja. Pero yo hubiera querido llegar a los 50 con más capacidades físicas. Afortunadamente, la esclerosis todavía no toca la parte cognitiva. Según la neuróloga, en algún momento la va a tocar. Tampoco me quiero atormentar pensando cuándo. Pero en el primer momento en el que me dé cuenta de que no estoy siendo coherente con mis pensamientos, me voy a ir de este mundo; espero encontrar la fórmula adecuada para irme sin dolor ni sufrimiento. Me vale madres si la eutanasia no es legal. Mi vida es mía, mi cuerpo es mío.

2
ODIO EL VERANO

Una cafetería de Barcelona. La camarera, una veinteañera mestiza de acento indefinido, con el pelo afro recogido con un pañuelo rojo a lo Rose la remachadora, charla animadamente con el cocinero a través del pasaplatos.

—Ayer fui a una obra de teatro sobre unas chicas que querían ser chicos. Se vendaban los pechos, se los aplastaban para disimularlos.

—...

—¿Te imaginas cómo será ser mujer y sentirte hombre? Qué cosa, ¿no? Piensa en las operaciones... Puedes pagar una reconstrucción del pene, pero por lo visto estas personas suelen preferir que crezca el clítoris.

—...

—Imagínate, cómo será operarte, y despertarte a la mañana siguiente con un pene. Qué loco, ¿no?

—...

—Si se pudiera, a mí me encantaría ser hombre por un día. Para saber cómo se siente. ¿A ti no te gustaría ser mujer por un día?

—...

—¿No? ¿En serio? ¿Pero por qué? A mí sí, me encantaría ser hombre por un día. Pero un hombre guapo y rico, claro. Si no, no tiene gracia[1].

* * *

—Odio el verano.

En realidad, aún es primavera, pero el termómetro marca más de 30 grados en un Madrid poblado de bermudas y vestidos estampados. Antar odia el verano porque cuando hace calor no sabe qué hacer con su cuerpo. Con la ropa fina se le marcan los pechos, sobre todo cuando el viento de frente le aplasta la camiseta. Con el buen tiempo aparece el dilema de la depilación: si se depila las piernas y las axilas, siente que está siguiendo un mandato que a él ya no le debería afectar; si se deja los pelos largos, se siente observado. Sus pelos siguen escandalizando.

Antar me espera en la estación de tren y verle me da calor. Lleva unos pantalones vaqueros gruesos, zapatillas de deporte anchas y una camiseta de manga corta oscura. Es holgada, pero aun así se nota el contorno del pecho. Lleva el pelo muy cortito y carga una mochila, porque se va de fin de semana con su familia a la sierra.

Antar mide 1,68 metros; una estatura corriente en una mujer, pero que le convierte en un chico bajito. Es muy flaquito, siempre lo ha sido. Sus ojos grandes y oscuros tienen, cuando no sonríe, la expresión de un animalillo asustadizo. Es muy tímido y retraído con los desconocidos; leal y cariñoso con la

[1] Conversación que escuché casualmente en un bar mientras estaba trabajando en este capítulo. La obra de teatro a la que se refería la camarera era Limbo, dirigida por Míriam Escurriola.

gente que aprecia. Su voz es tan temblorosa como el pulso de sus manos, de dedos finos y largos.

Se siente un chavalillo y lo aparenta, pero tiene 42 años y es un doctor en Antropología que lleva quince años trabajando como profesor universitario. Es responsable y maduro. Se expresa con la lucidez y corrección del académico y con la retórica apasionada del activista. Pero también reivindica su lado infantil. «Por los pasillos me siguen confundiendo con "una alumna". Doble confusión, de género y de rol. Creo que con mis pintas estoy abocado al eterno estudiante», reconoce.

Nos conocimos hace tres años y en seguida nos sentimos a gusto juntos. Tanto que estuvimos saliendo un par de meses. Desde entonces, siempre que paso por Madrid cuadramos agendas para ponernos al día.

Me abraza con ese gesto entrañable y aniñado, tan suyo, de cobijarse en mi pecho. Está contento. La escapada a la sierra es una de las primeras reuniones familiares desde que hace unos meses contó a su madre, a su padre y a su hermano que se siente… ¿un hombre? «Me podría identificar como "chico", "chiquillo" más bien; como "hombre"; "señor", nunca», aclara. Le gusta que se dirijan a él en masculino y no quiere que usen el nombre de pila con el que le bautizaron. Antar es su segundo apellido. Por ahora no ha encontrado un nombre masculino o neutro con el que se identifique.

Ya no tiene que cargar con el secreto en la familia, ya puede ser un poquito más él mismo. Sus padres tienen 75 años, son aún más reservados que él y les cuesta hablar de emociones. Pensaba que no lo entenderían y la verdad es que no ha ido tan mal. Desde esa charla, en la que no hubo preguntas ni reproches, le llaman Antar. Dejar de tratarle en femenino les llevará algo de tiempo. Con su hermana no hubo problema, ha sido su gran apoyo desde hace años. Ella también (¿también?) es lesbiana. Su hermano…, bueno, su hermano y él no hablan mucho, ni de este tema ni de otros.

Nos sentamos a comer un menú del día (con este calor, no dudamos ni un segundo en decantarnos por el gazpacho) y el camarero no deja de repetir la muletilla «chicas»: «¿Qué vais a beber, chicas? ¿No os apetece un pincho moruno, chicas? Chicas, ¿ya puedo recoger por aquí? ¿Os traigo la cuenta, chicas?». Cada vez que pronuncia «chicas», me tenso. Imagino que para Antar esa inofensiva palabra es un pinchazo. Su rostro imberbe y la curva de su pecho pesan más que su pelo corto y el ademán andrógino.

Terminamos de comer el flan. Madrid sestea y paseamos por la sombra arbolada de unas calles desiertas en las que solo se escuchan los pajaritos y algún coche. Me cuenta que, ahora que ha hablado claro con su familia, su objetivo es que el trato de los desconocidos no le afecte, que la presión social no le empuje al quirófano. Está claro que la mayoría le va a seguir llamando «chica» mientras no pase por el aro de la hormonación y la mastectomía. Y no quiere.

Sí, es reservado, vergonzoso y parece un chiquillo. Se considera inseguro, pasivo, sumiso, nada autoritario. De entrada tiene poca presencia, su cuerpo es escurridizo, felino, camina sin hacer ruido. Nunca le he escuchado alzar la voz ni decir una mala palabra. Pero es un tremendo error deducir que le falta carácter. Antar es observador, culto, brillante —seguramente no le guste ese adjetivo—, excelente conversador cuando se siente cómodo y, aunque diga lo contrario, es muy asertivo.

No, no va a pasar por el aro.

***

«Mi madre me llamaba "chicazo" cada vez que volvía de jugar al fútbol en la calle, y me forzaba a llevar vestidos». Antar fue la típica niña marimacho. Tenía unos andares desgarbados que sacaban de sus casillas a su madre. Prefería los juegos deportivos a las muñecas. Cuando veía la tele, fantaseaba con ser un galán que enamoraba a Rocío Dúrcal o a Marisol. Envidiaba a su hermano: su cuerpo en desarrollo y sus primeros escarceos con las chicas. Su hermana, en cambio, encarnaba el modelo a seguir. Era preciosa, rubia, con ojos azules, una muñeca. A su lado, Antar se sentía un patito feo.

Nuestro encuentro en Madrid ha sido breve, Antar se ha ido con su familia y hemos quedado en escribir juntos su historia por e-mail. Siente que se expresa mejor por escrito y el teléfono o el Skype le parecen demasiado fríos para compartir confidencias y recuerdos.

Uno de los más traumáticos de la pubertad es el de esa boda en la que los amigos de su padre alababan la belleza de su hermana. «Y aquí está la otra», añadía el padre sin entusiasmo. «Era fea porque no me dejaban ser», entiende ahora. Para Antar, las bodas han sido y son la mayor tortura de género.

El otro infierno era la discoteca. Eran los años ochenta. Madonna agitaba las pistas con su pegajosa *La isla bonita*. Antar se sentía más patito feo que nunca, con su pelo corto, los labios pintados y el bigotillo que se resistía a depilar. No sabía relacionarse con el resto de chicos y chicas. Odiaba bailar, lo asociaba al imperativo de tener que resultar sexy a los chicos. Sonaba una lenta y las chicas esperaban a ser elegidas por algún chico. «Yo era la única persona que se quedaba sola». Antar se debatía entre el quiero y no quiero. Quería bailar, pero no con un chico estrechando su cintura. Quería poder sacar a bailar a alguna chica, pero eso era imposible. No quería que le eligieran, pero la soledad en el banquillo era dura.

Se resistía a crecer. Hacerse mayor significaba hacerse mujer. Y ser mujer suponía pintarse, arreglarse, llevar bolso, depilarse… Tal vez por esa aversión a crecer, aún hoy se sigue sintiendo un chiquillo.

El respiro llegó cuando se reconoció como lesbiana. Descubrió el feminismo, que le mostró que no había por qué ser femenina, que podía desear a las mujeres en vez de atraer a los hombres. Militó en la organización LGTB de la universidad en la que estudió Antropología. La asociación funcionaba como una familia alternativa, cuyos miembros abrían sus casas si hacía falta para acoger a *compas* repudiados por sus parientes. Eran los años noventa, y algunas cosas no habían cambiado tanto desde la muerte de Franco: «Muchos compañeros pasaron por terapias aversivas para curarles la homosexualidad[2], a un compañero le apuñalaron cuando ponía carteles en Moncloa; comíamos todxs juntxs[3] en una mesa larga en la facultad y a la gente le daba miedo acercarse por si se le identificaba con nosotrxs,

[2] Lo explica Álvaro Corazón Rural en un artículo en *Jot Down*: «Se les aplicaron terapias aversivas —medicación para inducir al vómito o descargas eléctricas mientras se les mostraba pornografía homosexual—, electroshock o lobotomías. López Ibor llegaba a presumir de sus "exitosas" lobotomizaciones a gais. La revista *Interviú* recogió un fragmento de una conferencia suya en Italia en 1973 donde decía: "Mi último paciente era un desviado. Después de la intervención del lóbulo inferior del cerebro, presenta, es cierto, trastornos en la memoria y la vista, pero se muestra más ligeramente atraído por las mujeres"». En la actualidad, sigue habiendo clínicas que ofrecen «terapias reparativas» para corregir la homosexualidad. El obispado de Alcalá de Henares recoge en su web un apartado con recursos sobre reparación de la homosexualidad. Encuentro en Internet varias reseñas de webs cristianas en español recomendando el libro *Terapia reparativa de la homosexualidad masculina. Un nuevo acercamiento clínico*, de Joseph Nicolosi. La Asociación Estadounidense de Psicología ha reprobado estas pseudoterapias. En América Latina, he escuchado con especial fuerza denuncias sobre lo extendidas que están las clínicas de este tipo en Ecuador, donde muchos familiares internan a jóvenes LGTB incluso en contra de su voluntad, según denuncian los colectivos prodiversidad sexual.

[3] Mantenemos la x, que es una fórmula (posterior al uso de la arroba, @) que las personas trans y *queer* utilizan para evitar las marcas de género.

no podíamos donar sangre, nos la pasábamos denunciando libros y profesores por su docencia homófoba, en fin, cosas que, por desgracia, todavía siguen ocurriendo, pero en otro grado».

En aquel momento, la transexualidad masculina[4] aún no era visible, no había artistas populares como Bibi Andersen o Manuela Trasobares, y en el activismo madrileño, el referente transfeminista era una mujer, Juana Ramos. Las lesbianas reivindicaban la posibilidad de ser más o menos masculinas o más o menos femeninas, algo que a ese Antar veinteañero, que todavía usaba su nombre de pila, le abría «el abanico de opciones vitales vivibles, pensables y deseables». Y a medida que se abrió el abanico, Antar se fue encontrando.

El nuevo siglo trajo nuevos referentes. Primero supo que existía la transexualidad masculina. El documental *El camino de Moisés*, realizado en 2003 y emitido en Documentos TV, ponía cara a «uno de los pocos hombres transexuales en España», anunciaba el presentador. Moisés logró en 1997 que la juez le concediera el cambio de nombre y de sexo, acreditando que llevaba años tomando testosterona, que se había extirpado los ovarios y las mamas. Las cámaras acompañaban al protagonista en su decisión de si someterse o no a una faloplastia: conocía los riesgos que puede suponer para la salud y el placer[5], y se planteaba preguntas como ¿cuántos centímetros son necesarios para ser un hombre?

[4] A las personas trans se las nombra por su género sentido; así, Bibi Andersen es una transexual femenina; Antar es un trans masculino.

[5] Entrevisté en 2007 para el *Periódico Diagonal* a otro de los primeros transexuales masculinos habituales en los medios, Iván Garde (presidente de la asociación Ilota Ledo), y me contestó así al asunto de la cirugía genital: «Para relacionarse sexualmente hay alternativas protésicas. Desde la asociación recomendamos no operarse hasta no llevar una vida plena como hombre porque la operación no cubre las expectativas. Las operaciones exigen baja y complicaciones postoperatorias incluso para toda la vida, como problemas para orinar y de vejiga en el 90% de los casos. En las relaciones sexuales también se pierde la sensibilidad al menos durante dos años y nunca se recupera al cien por cien».

Como Moisés, Antar entendió que podía trazar su propio camino. En su caso, uno que no atravesase la frontera de los sexos, sino que caminase sobre ella[6]. Hubo tres paradas clave en su tránsito. La primera, a los 30, cuando se cortó el pelo y empezó a comprar ropa en la sección de chicos adolescentes. Sustituyó las camisetas entalladas por las camisas anchas. Empezó a usar calzoncillos. Si antes le avergonzaba que le confundieran como un chico, a partir de entonces empezó a enorgullecerse. Dejó de sentirse un patito feo. «Empecé a ser cisne cuando comencé a querer mi masculinidad». Una masculinidad que, además, era compatible con la sensibilidad y la ternura. Cree que si desde pequeño le hubieran dejado definirse como hombre, hubiera sido un tipo «corriente, probablemente muy conservador y estereotipado».

El segundo rito de transición lo hizo de la mano de una de sus mejores amigas, que le animó a ponerse bigote y perilla para salir de copas una noche, a ver cómo se sentía. Entre las lesbianas feministas, los talleres de *drag king* estaban de moda: travestirse de hombres para experimentar con la masculinidad y, al mismo tiempo, parodiar el estereotipo de macho. Las participantes se vendan el pecho y se abultan el paquete con un calcetín o un preservativo relleno de algodón. Se cortan un mechón de pelo muy finito y se lo pegan en el rostro con Mástic, el pegamento para postizos que se usa en teatro,

[6] Susan Stryker define a los transexuales como aquellas personas que se alejan del género que se les asignó al nacer. Personas que cruzan las fronteras que son construidas por su cultura para definir los patrones de lo que es apropiado para los hombres o para las mujeres. «Algunas tienen un fuerte sentimiento de pertenencia a otro género, en el que creen que vivirán una vida mejor o más auténtica. Otras personas desean situarse en otro lugar, un espacio que aún no está claramente definido o que no está señalado como pertenenciente a un género en concreto, un lugar fronterizo a menudo cuestionado por una sociedad como la nuestra, que necesita clasificar rápidamente a todas las personas», según resume Lucas Platero en su libro *Trans*exualidades. Acompañamiento, factores de salud y recursos educativos* (ed. Bellaterra).

para recrear la barba. Curiosamente, Antar nunca participó en esos talleres, por timidez y porque le removían demasiado. Pero en este caso no se trataba de una *performance* para reflexionar en grupo o reírse un rato, sino que el reto era atreverse a salir a la calle como chico, en una ciudad que no era la suya.

Así que se fue de bares con su camisa de cuadros y una barbita perfilada con destreza. «Fue una sensación que me marcó: todo el mundo me reconocía como tío y me sentí deseado también como tío (sobre todo por chicos gais[7]). Incluso un musculitos hetero[8] me negó dos besos de saludo: le daba miedo que yo fuera gay y le entrase», recuerda divertido. Nunca ha vuelto a ponerse bigote ni tiene intención de ponérselo, pero esa noche le sirvió «para experimentar la fuerza que tienen esos pocos pelillos».

Ahora que ha empezado a quererse, también ha empezado a bailar, de una manera un tanto torpe y extravagante… pero libre.

* * *

[7] El inesperado deseo que surge entre chicos gais y chicos trans (que anteriormente eran lesbianas «de pedigrí») se ha abordado en películas como *Romeos* y series como *The L Word* y es recurrente en la biografía de muchos trans.

[8] Leo a Antar y recuerdo una imagen suya frente a otro musculitos. Fuimos juntos a una feria sobre sexo y afectos no convencionales que invitaba a asistir a personas LGTBI, *queer*, poliamorosas, personas aficionadas al BDSM, etc. El código de vestimenta que anunciaba la web vetaba la ropa de calle: sugería látex, fetichismo, nudismo, lencería, travestismo, fantasía… Yo arriesgué poco: me enfundé un vestido corto, tacones y me pinté los labios de rojo (algo atípico en mí). Antar le dio muchas vueltas y no se sentía cómodo con la idea de «disfrazarse». Le dije que no se preocupase, que era un evento respetuoso con las personas trans. En la fiesta, un colaborador, musculitos, cuyo único amago de cumplir con el código era pasearse con el torso escultural desnudo y una especie de faldita de luchador, le dijo que no podía estar en la fiesta con ropa de calle. Nos fuimos.

Para Antar, el paraíso es México. Allá donde las fronteras de la feminidad están más marcadas, la gente se refiere a él como «ese joven». Su pelo corto y su androginia pesan más que el contorno de su pecho y su rostro imberbe, en un país en el que muchos hombres son también lampiños.

En su primer viaje a México conoció a una mujer exuberante, de larga melena azabache y labios rojos, que le hizo sentirse justo como él necesitaba. Estar con una mujer heterosexual que aceptaba su cuerpo fue un chute de autoestima. Compartieron una sexualidad gozosa en la que los dos cuerpos podían ser penetrados y penetrar, con las manos, con la boca, con dildos. Una sexualidad en la que los cuerpos se entremezclan y los géneros se difuminan.

Volvió de México con la energía y la seguridad suficiente para salir del armario en su trabajo. Aprovechó una reunión de su departamento. Todos eran hombres. Estaba nerviosísimo. Le temblaban las piernas. Cuando llegó el turno para los ruegos y preguntas, tragó saliva y lo dijo: «A partir de ahora quiero que me llaméis Antar y que me habléis en masculino». «Sin problemas», contestaron. «¡Pues vas a desequilibrar todavía más la desproporción de mujeres en el departamento!», agregó uno en tono afable para desdramatizar un poco y señalar la paradoja de que la «mujer» que luchaba por la igualdad de género en el departamento saliera del armario como chico trans. Le replicó: «Pues más motivos para contratar a más mujeres a partir de ahora». Y ya.

«Fue mi bautizo, mi bienvenida al bando de los privilegiados (uno más, ya tengo otros privilegios en términos de clase social, "raza" y ciudadanía)», reflexiona. Como feminista, a Antar le inquieta la posición ambivalente que ocupa un trans en un espacio de hombres. Por una parte, no es «uno más». Por otro lado, cuando pide ser reconocido como hombre, siente que está de alguna manera reclamando un puesto entre esa mitad de la ciudadanía que gana un mayor salario por el mismo trabajo, que puede abrir las piernas o presumir de conquistas sexuales, que no pasa miedo al volver a casa de noche[9]. Tal vez por ese recelo feminista, alguna colega le ha devuelto cierta hostilidad, empeñándose en seguir llamándole por su nombre anterior. «El cambio a una identidad masculina a veces es interpretado dentro de círculos feministas como un retroceso, un paso atrás en la biografía política», señala.

* * *

Solo ha habido un comentario por parte de sus compañeros que le ha dolido: «¡Qué ganas de complicarte la vida!».

«¡Qué ganas de complicarte la vida!». La leo y esa frase me resulta familiar. Me acuerdo de hace tres años, cenando con dos amigas (que son pareja), poco después de conocer a Antar. Les conté que estaba saliendo con un chico transgénero. Que era inteligente, tierno, que lo pasábamos bien, que admiraba su apuesta de vivir en el género con el que se identificaba sin tener que modificar su cuerpo y que yo estaba aprendiendo mucho. Una de ellas torció el morro. Intentó medir las palabras, hablar con tacto. Dijo: «¿Pero y cómo se lo vas a explicar a tu familia? ¿No es complicarte mucho la vida?».

[9] Uno de mis artículos preferidos en *Pikara Magazine* es «Pasar, ¡qué complicado!», de Pol Galofre, en el que también habla de su incomodidad una vez que la testosterona ha hecho efecto y la gente le reconoce como un hombre. En su caso, ha optado por la pluma, por mostrarse amanerado, para desmarcarse del modelo del macho. Aun así, le da escalofríos ver que a las mujeres se le activan las alarmas con su presencia. Cuenta que las chicas ya no se cambian de ropa delante de él: «Hoy me he dado cuenta: me han convertido en un sujeto deseante. Me han convertido en el motivo de ir con la mochila llena de miedos bien cogida. En un potencial agresor».

* * *

En la pantalla, un chico trans cuenta su proceso, su decisión de quitarse los pechos y ponerse un pene para sentirse completamente un hombre. Dice que quedarse a medias será como ser un monstruo. Es un documental sobre transexualidad que Antar no pudo terminar de ver. Le dolía demasiado. ¿Acaso él es un monstruo si decide seguir siendo un chico con pechos y vulva? ¿Es un monstruo si prefiere aceptar su cuerpo en vez de pasar por el quirófano?

Antar no desea con toda su alma que le salga barba y le brote un pene. Le encantaría tener hombros y espalda ancha, brazos musculados y abdominales, pero no los tiene. Podría machacarse en el gimnasio, pero no va con él. Podría consumir testosterona, pero no le gusta la idea de alterar artificialmente su cuerpo, no le gusta la idea de castigar a su hígado. Podría tener el pecho plano si pasase por el quirófano, pero no quiere. Ni siquiera quiere ir oprimido por un *binder*[10] que aplaste sus tetas. Solo le sobran cuando quien las mira se empeña en tratarle como mujer. Tampoco tiene problemas con su vulva. Le gustan sus pechos, su clítoris y su vagina porque sirven para darle placer a él y a las mujeres.

Antar no nació en el cuerpo equivocado. La sociedad se equivoca cuando le pide que odie su cuerpo para ser quien es. La sociedad se equivoca cuando le exige que elija, que se posicione, que se identifique como mujer o como hombre, porque, si no, es un monstruo.

No le gusta que en su DNI ponga que es mujer. Recuerdo cuando vino a visitarme a Bilbao y le acompañé a la estación de autobuses para despedirme de él. Recuerdo la cara del

[10] Faja para el pecho que utilizan muchos chicos trans para disimularlo.

chófer, su mirada desconcertada escrutando el cuerpo de Antar, porque el nombre y la M en el DNI no le cuadraban con su aspecto. Pero la única alternativa sería cambiar la M por una H. Para ello, tendría que hormonarse y mentir mucho.

(Casi) ningún psiquiatra avalaría su necesidad de una reasignación de género si le explicase que no odia su cuerpo, que no necesita cambiarlo, que en realidad no se siente un hombre. Que él no quiere ser un macho. Que no le interesa el fútbol y apenas bebe cerveza. Que odia la agresividad, que es incapaz de ver películas violentas y se siente muy cobarde[11].

Mentiría si tuviera que decirle al psiquiatra que lo tuvo claro desde niño. ¿Cómo explicar en la Unidad de Trastornos de la Identidad de Género que él era una lesbiana que decidió que se identificaba como chico trans cuando ya rozaba los 40 años? La necesidad de coherencia es traicionera, reconoce, y a veces ha cavado en su memoria para recolectar recuerdos tempranos que dieran empaque a un relato biográfico al uso. Sí, es verdad que en la infancia fantaseaba con que era un chico, es verdad que prefería los juegos de niños a los de niñas. Pero no quiere renegar de su feminidad ni de la identidad lésbica. Son capas biográficas que le hacen ser quien es. Y le gusta la idea de que pasados los 40 siga en una búsqueda identitaria inacabada. «Desbarata todas las teorías psicológicas sobre la identidad», ironiza.

Países como Australia y Alemania ofrecen la posibilidad de inscribirse en el registro civil bajo una tercera categoría, denominada «sexo indeterminado» o «género neutro». En España,

[11] «La transexualidad no es solo un proceso de transición de una identidad a otra, sino una problematización de cómo entendemos la masculinidad y la feminidad, en esto que acordamos llamar "ser hombre o mujer". La transfobia no se puede erradicar si no se aborda el sexismo». Lo escribe Lucas Platero en su libro *Trans*exualidades. Acompañamiento, factores de salud y recursos educativos* (ed. Bellaterra), en referencia a los planteamientos sobre diversidad sexual de Gerard Coll-Planas, Gemma Bustamante y Miquel Missé.

la ley de identidad de género aprobada en 2007 no reconoció, paradójicamente, una identidad transgénero. Su principal avance es que un juez ya no puede exigir la operación genital a quien quiera cambiar el nombre y el sexo en los documentos legales. Pero sí exige hormonarse, contar con el diagnóstico psiquiátrico de disforia de género[12] y pasar la cruel prueba de la vida real: dos años viviendo en un género que no coincide con el del DNI.

Antar reconoce el paso adelante, pero lamenta que la ley imponga a las personas trans la tutela de un endocrino y un psiquiatra o psicólogo para poder ver reconocida su identidad de género. Él no quiere pagar ese precio físico y corporal.

Según diversos estudios europeos, las personas trans*[13] presentan los niveles de salud más precarios dentro de la comunidad LGTBI. Acuden menos a los servicios sanitarios y se les atiende peor, debido a la falta de formación en identidades de género. La idea de que la transexualidad es una enfermedad, enferma: afecta a la salud mental y se traduce en unos índices de suicidio altos[14]. Por eso la despatologización se ha convertido en la prioridad de la agenda del activismo trans.

[12] La disforia de género o el trastorno de identidad de género se caracteriza por sentir ansiedad y tristeza debido a la falta de concordancia entre el cuerpo y el género con el que la persona se identifica. Ese sentimiento encaja con el de muchas personas trans, pero otras no ven su cuerpo como un obstáculo para afirmarse en el género sentido. De ahí que se critique la exigencia de ese diagnóstico, que, además, sigue considerando la transexualidad como un trastorno en vez de como una expresión de la diversidad. Un libro de referencia para profundizar en esta cuestión es *El género desordenado. Críticas en torno a la patologización de la transexualidad*, editado por Miquel Missé y Gerard Coll-Planas (ed. Egales).

[13] En los últimos años se está extendiendo el uso de ese asterisco (trans*) como manera de señalar que es un concepto paraguas que incluye las distintas identidades: personas transexuales, transgénero, *queer*, etc. Lucas Platero señala su origen en Alemania y los países anglosajones, especialmente entre personas jóvenes.

[14] Lo explica la jurista Laia Serra en el artículo «Patologización trans*: una violación de derechos humanos insostenible», publicado en *Pikara* y en el que da referencias de múltiples estudios y resoluciones europeas a favor de la despatologización.

Hay personas trans que desean modificar su cuerpo para reconocerse cuando se miran en el espejo. En ese caso, la medicina es una aliada. Hay personas trans que no quieren cambiarlo, pero que finalmente necesitan hacerlo para poder vivir en un entorno que no acepta la ambigüedad. En ese caso, la medicina no es aliada, sino la acreedora de «normalidad». Me escribe Antar: «A veces el cambio corporal es la única opción vivible para habitar una identidad. Pero, en mi opinión, hay que visibilizar más procesos dentro de culturas o de otras épocas no tan medicalizadas»[15]. En un mundo sin dualismos, a Antar no le sobrarían pechos ni le faltaría barba para ser tratado en masculino. En un mundo sin dualismos, «se reconocería la maravilla de las tetas con pelo, los coños con polla, los cuerpos fofitos con caderas pero sin tetas, musculados y con tetas pequeñas, naturales o postizas. La maravilla de los cuerpos diversos que no llevan asignado un género»[16].

Antar no quiere pedir permiso a la psiquiatría y tampoco quiere un cuerpo con cicatrices[17]. No es su cuerpo lo que hay que corregir.

[15] En el artículo «Resistiendo a la extinción de lo trans», en *Pikara Magazine*, el activista Pol Galofre repasa esos referentes de otras culturas (las *hijras* en India, las *muxes* en México, las *burneshas* en Albania…) y de otras épocas (por ejemplo, que los textos sagrados del islam y del judaísmo hacían referencia a la diversidad de identidades de género). Galofre critica el enfoque occidental en el que la medicina «arregla» a las personas trans para que parezcan «hombres y mujeres de verdad», borrando la diversidad y la ambigüedad.

[16] Tomo este párrafo del artículo de Pol Galofre citado en la nota anterior.

[17] En 2006, mientras se discutía la ley, el colectivo catalán Guerrilla Travolaka cuestionó la imposición de un diagnóstico de disforia de género y abogó por una «euforia de género», por reconocer la diversidad y la belleza de la androginia. Sus fotos de cuerpos trans desnudos lanzan mensajes contundentes como «No quiero pedir permiso a la psiquiatría» o «¿Qué tienen de masculinas mis cicatrices?». «No se trata de un tercer sexo, ya que ni siquiera creemos en un primero ni en un segundo, se trata de poder expresar libremente nuestro género, entendiendo la utopía que eso supone y las presiones que existen», señalaban en su manifiesto.

* * *

Antar lleva una vida tranquila y felizmente solitaria. Vive en un piso sencillo y luminoso en Arganzuela, en compañía de sus libros y de alguna planta. No le gusta cocinar. Demasiado a menudo sale del paso bajando a por arroz basmati con verduras y *palak paneer* (espinacas con queso) al restaurante indio que perfuma su casa con olor a curry. No le gusta socializar en bares. Tampoco se mueve en las redes sociales, no tiene Facebook. Odia con toda su alma ir de compras, otro de esos rituales tortuosos —junto con las bodas y los bailes de la adolescencia— para los chicos trans que no encuentran ni tallas ni comprensión en la sección de caballeros.

Su pequeño pero sólido universo afectivo está formado por mujeres que conoció en su militancia feminista y bollera. En su vida hay sitio para relaciones de pareja, pero valora mucho su vida como para que un enamoramiento lo sacuda todo. No ha sentido la necesidad de hacer amigos hombres: «Es como la típica afirmación de que los niños necesitan un padre para reforzar su identidad de género; para mí es absurda». De hecho, prefiere aprender de masculinidades distintas, las que expresan sus amigas lesbianas y sus amigos trans.

Sus exparejas forman parte del grupo de amigas íntimas que cuenta con los dedos de las manos. «Gracias a mis ex y a sus procesos he sostenido mi identidad sin volverme loco», agradece. Las que le conocieron cuando se nombraba en femenino tuvieron que hacer el duelo de despedirse de una parte del Antar que amaron. Aun así, siempre le han ofrecido su cariño y apoyo. Agredece también tener una nueva alegría en su vida: el hijo de una de sus ex con su nueva compañera sentimental. Antar nunca pensó en tener hijos, pero es muy feliz cuidando a su sobrino elegido. Le gustan los niños y las niñas porque suelen entender mejor algunas cosas. Su sobrina (la hija de su hermano), con solo tres años, le preguntaba cada vez que le veía si era un chico o una chica, como si se pudiera elegir cada semana. «Me encanta esa fluidez de género en su cabecita», cuenta con orgullo.

Le gusta la docencia y le apasiona la investigación social, incluida la recuperación de mujeres olvidadas en las ciencias sociales. Se siente bien en la universidad. La aprobación, hace apenas dos meses, de una ley autonómica de identidad de género le ha servido como argumento para que en la universidad permitan que figure como Antar, a secas, en la puerta de su despacho, en el campus virtual y en los horarios.

Con el alumnado es una salida del armario constante, porque cada año son estudiantes nuevos. «El primer día lo paso fatal, y como dice Pedro Lemebel [intelectual chileno, su preferido junto con la argentina Lohana Berkins], "siento cicatrices de risas en mi espalda", mi presencia no es lo esperado, pero cuando ya nos conocemos siento una confianza y respeto muy bonitos». A falta de autoridad, el profesor Antar ofrece una actitud cercana y el cariño que le pone a la docencia.

Ha desarrollado la habilidad de referirse en impersonal, evitando nombrarse en masculino o en femenino. En vez de «voy a ser vuestro profesor este cuatrimestre», «os voy a dar clase este cuatrimestre». El resultado es que cada estudiante le habla como le parece, en femenino o en masculino, e incluso hay quien le ha dicho directamente: «Es que no sabemos cómo referirnos a ti en los correos». «Me gusta ese caos de reconocimiento, me siento bien ahí, por lo menos en el contexto de la clase».

El profesorado es un espejo en el que se miran los alumnos. Los acercamientos de sus estudiantes también son el termómetro del respeto a la diversidad. Hace diez años, se le acercaban en tutorías para contarle que sus familias no aceptaban su homosexualidad o que les habían obligado a hacer terapia. En los últimos años, una chica y un chico trans han acudido a él para preguntarle cómo pueden cambiar su nombre en las fichas, en el campus virtual y en el carnet de estudiante. «Por eso es tan importante que haya diversidad (no solo sexual) entre el profesorado».

Se siente afortunado. Ser trans es mucho más jodido cuando eres precario, cuando temes un despido porque eres un hombre al que se le notan los pechos. También es más jodido para las mujeres trans. «El paso a la masculinidad se lleva mejor y, sobre todo, no es tan violento socialmente. Subes un escalón social». Antar evita el victimismo. Aunque su androginia le hace sentirse vulnerable, también reconoce su posición acomodada. Su encuentro con Latinoamérica le confirmó su interés por un activismo que se desprenda de la mirada colonialista y occidental, el que lucha contra la pobreza, contra la precariedad, el racismo y las violencias contra las mujeres y las personas LGTBI. «Quiero conjugar las luchas contra los dualismos con otras luchas que me cuestionen mis privilegios y cegueras».

Se acercan las vacaciones y Antar se muere de ganas de retirarse a la casita que tiene alquilada con sus amigas en la sierra de Gredos. Se toma un respiro de la ciudad y se siente en paz. Ahí se dedica a caminar, a coger orégano y a disfrutar de la sombra de la parra. «Y ver cómo los gatos se tumban en ella para dormir, eso es un flipe». Cuando no hay nadie se baña en las pozas y grita de lo fría que está el agua. Tiene pendiente sentirse bien con su cuerpo delante de gente desconocida, poder bañarse tranquilo.

No sé cómo cerrar el capítulo sobre un tránsito al que le quedan, siempre le quedarán, muchas estaciones. Así que le lanzo por e-mail una pregunta manida y hortera, a ver si me regala, con su precisión y su dulzura, un final bonito: «¿Cómo te planteas el futuro?».

«Quiero ponerme un nombre y sentirlo como propio, quiero entrar a un baño público sin sentir ansiedad, quiero dejar de sentir ese pinchazo cuando alguien, por desconocimiento, me hable en femenino. Quiero estar más con mis padres y ver crecer a mi sobrino…

»Y quiero dejar de odiar el verano».

Furia travesti

Antar se explaya con pasión sobre Lohana Berkins, una activista travesti argentina que murió en febrero de 2016: «Su "furia travesti" se traducía en lucha, amor y humor. Su libro *Cumbia, copeteo y lágrimas* analizaba la situación de las mujeres trans en Argentina y en especial en las cárceles. Comenzaba con los nombres de mujeres trans asesinadas por la represión policial, en las cárceles o por la transfobia y cuyas muertes "anónimas" no habían sido lloradas. Creó una cooperativa textil, Nadia Echazú, para ofrecer ese empleo que la sociedad niega a muchas mujeres travestis y transexuales. Aportó lucidez al debate sobre la prostitución, ella hablaba de mujeres en "situación de prostitución", para evitar el término "prostituidas" con sus connotaciones y porque su experiencia personal le había enseñado que para las mujeres transexuales la prostitución, hasta que no se respetaran los derechos más básicos de ciudadanía a las trans, no era una opción laboral, sino una situación. Ella hablaba mucho del "valor crítico de la diferencia", de que el cuerpo no tenía que ser el precio por el reconocimiento de una identidad para las personas trans y, sobre todo, hablaba de cuerpos latinos, de racismo, pobreza y crueldad».

Hablo por mi diferencia

«Cada vez que leo el manifiesto de Pedro Lemebel me pincha algo», dice Antar. El escritor y artista plástico chileno leyó este texto en un acto político de la izquierda en Santiago de Chile, en 1986, en plena dictadura de Pinochet. Reproducimos algunos pasajes:

> [...]
> Aquí está mi cara
> Hablo por mi diferencia
> Defiendo lo que soy
> Y no soy tan raro
> Me apesta la injusticia
> Y sospecho de esta cueca democrática
> Pero no me hable del proletariado
> Porque ser pobre y maricón es peor
> Hay que ser ácido para soportarlo
> Es darle un rodeo a los machitos de la esquina
> Es un padre que te odia
> Porque al hijo se le dobla la patita
> Es tener una madre de manos tajeadas por el cloro
> Envejecidas de limpieza
> Acunándote de enfermo
> Por malas costumbres
> Por mala suerte
> Como la dictadura
> Peor que la dictadura
> Porque la dictadura pasa
> Y viene la democracia
> Y detrasito el socialismo
> ¿Y entonces?
> ¿Qué harán con nosotros, compañero?

¿Nos amarrarán de las trenzas en fardos
Con destino a un sidario cubano?
[...]
¿Y usted?
¿Qué hará con ese recuerdo de niños
Pajeándonos y otras cosas
En las vacaciones de Cartagena?
¿El futuro será en blanco y negro?
¿El tiempo en noche y día laboral
Sin ambigüedades?
¿No habrá un maricón en alguna esquina
Desequilibrando el futuro de su hombre nuevo?
[...]
El miedo se me fue pasando
De atajar cuchillos
En los sótanos sexuales donde anduve
Y no se sienta agredido
Si le hablo de estas cosas
Y le miro el bulto
No soy hipócrita
¿Acaso las tetas de una mujer
No lo hacen bajar la vista?
¿No cree usted
Que solos en la sierra
Algo se nos iba a ocurrir?
Aunque después me odie
Por corromper su moral revolucionaria
¿Tiene miedo que se homosexualice la vida?
Y no hablo de meterlo y sacarlo
Y sacarlo y meterlo solamente
Hablo de ternura, compañero
Usted no sabe

Cómo cuesta encontrar el amor
En estas condiciones
Usted no sabe
Qué es cargar con esta lepra
La gente guarda las distancias
La gente comprende y dice:
Es marica pero escribe bien
Es marica pero es buen amigo
Súper-buena-onda
Yo no soy buena onda
Yo acepto al mundo
Sin pedirle esa buena onda
Pero igual se ríen
Tengo cicatrices de risas en la espalda
Usted cree que pienso con el poto
Y que al primer parrillazo de la CNI
Lo iba a soltar todo
No sabe que la hombría
Nunca la aprendí en los cuarteles
Mi hombría me la enseñó la noche
Detrás de un poste
Esa hombría de la que usted se jacta
Se la metieron en el regimiento
Un milico asesino
De esos que aún están en el poder
[…]
Y se rieron de mi voz amariconada
Gritando: Y va a caer, y va a caer
Y aunque usted grita como hombre
No ha conseguido que se vaya
Mi hombría fue la mordaza
No fue ir al estadio

Y agarrarme a combos por el Colo-Colo
El fútbol es otra homosexualidad tapada
Como el box, la política y el vino
Mi hombría fue morderme las burlas
Comer rabia para no matar a todo el mundo
Mi hombría es aceptarme diferente
Ser cobarde es mucho más duro
Yo no pongo la otra mejilla
Pongo el culo, compañero
Y esa es mi venganza
[…]

3
LA VIRGINIA WOOLF DE MEDIONA

«Conduciendo *sóc molt* cateta».

Dice la Juanita en su Fiat 500 viejito, después de recogernos en la estación de tren de Capellades.

Juanita es Juanita Márkez, y a Juanita Márkez cuesta pillarle el punto. Puede ser pizpireta y sarcástica, culta y malhablada, tierna y huraña, indiscreta y hermética, presumida y desaliñada, farandulera y solitaria. Nació en Cornellà de Llobregat, su idioma materno es el castellano, pero ella habla casi siempre en un catalán con dejes charnegos.

Tiene cuarenta y pocos años, es muy delgada —piernas flaquitas, torso estrecho y sin rastro de tripa cervecera—, lleva el pelo gris corto con greñas y un desconcertante mechón en un lateral que le encanta. La Juanita se sienta con las piernas muy cerradas o muy cruzadas y cuando fuma sostiene el cigarrillo de liar (de tabaco por el día y de marihuana por la noche) con pose de actriz de los años cincuenta, con la mano relajada y el codo apoyado sobre su cintura. En su cara alargada de frente amplia destacan unas cejas y pestañas tupidas, buenas aliadas de sus miradas de *femme fatale*. Tiene sombra de barba cerrada y una voz profunda que modula de forma amanerada.

Juanita es Juanita Márkez, y Juanita Márkez es, entre otras muchas cosas, la marica de Mediona.

* * *

Abre el portón de su casa y topamos con la mirada de las custodias de su hogar: Isabel la Católica con las manos manchadas de sangre y su tocaya Juana la Loca —«Yo prefiero llamarla Juana I de Castilla», matiza— con una teta descubierta como símbolo de rebeldía. Completan la colección de cuadros pintados por Juanita una Amy Winehouse y su gran moño; una monja con gesto severo; un tío en pelotas, con tableta de chocolate y polla larga, que lleva alas y antifaz blancos; una elegante mujer con media melena y el torso desnudo, que fuma con boquilla; Santa Teresa de Jesús en pleno éxtasis… Y una religiosa medieval que no identifico hasta que no me la encuentro, tiempo después, en el Facebook de Juanita: es Hildegarda de Bingen. Corro a la Wikipedia: «Abadesa, líder monacal, mística, profetisa, médica, compositora y escritora alemana. Considerada por los especialistas actuales como una de las personalidades más fascinantes y polifacéticas del Occidente europeo, se la definió entre las mujeres más influyentes de la Baja Edad Media, entre las figuras más ilustres del monacato femenino y quizá la que mejor ejemplificó el ideal benedictino, dotada de una cultura fuera de lo común, comprometida también con la reforma de la Iglesia y una de las escritoras de mayor producción de su tiempo». Juanita expuso en 2010 el cuadro de la monja de gesto severo, como instalación artística, sobre una cruz de madera en la que otros cuadros a carboncillo descubrían una anatomía desnuda de senos y genitales masculinos.

Juanita también escribe. Es bloguera y fanzinera. En 2010 publicó *La venus calva*, un libro de relatos en cuyo prólogo la escritora transfeminista Itziar Ziga declara a la autora como fundadora del «realismo mágico *queer*». En la portada, su versión libre de la Venus de Botticelli navega sobre una concha pero, a falta de melena con la que taparse sus partes pudendas, sostiene con descaro un pene generoso.

De vocación, artista del Renacimiento; de profesión, bibliotecaria y dinamizadora cultural. Trabaja en el Pantikillo, el Servei de Joventut de Mediona que ofrece, además de la biblioteca, información, orientación y actividades varias a la juventud de la comarca. Si fuera un día de labor, antes de ir a trabajar dedicaría un rato a las tareas domésticas, saldría al bosque a por ramas para encender la chimenea y, tal vez si anda con tiempo e inspirada, pintaría un rato. Hoy, que es sábado, organiza un taller de dibujo al aire libre con su amiga Susanna Martín. Eso sí, es sagrado, desayunamos en su patio disfrutando del sol de invierno. «Para despertarme necesito sol y café; es tan importante el sol como el café», insiste.

* * *

Sant Joan de Mediona (Barcelona), la cabecera del municipio, es un apacible pueblo rodeado de viñedos y formado por casas bajas y un casco antiguo que conserva un castillo del siglo XI.

En las elecciones municipales de 2011, Plataforma Per Catalunya obtuvo un regidor en Mediona con 91 votos (un 8,45% del total). La noticia saltó a los medios con el tono alarmista que tanto gusta a la prensa; el pueblo reaccionó con menos histeria y más pragmatismo: montó una plataforma contra la xenofobia para frenar la influencia de la formación política de ultraderecha. Cuatro años después, el político en cuestión intentó reciclarse subiéndose a un caballo presumiblemente ganador y se presentó por Podemos, pero el partido lo expulsó. «La prensa armó mucho lío, un político de ultraderecha que se pasa a Podemos, pero en realidad no era más que un descerebrado oportunista que llegó a regidor porque compraba votos», dice la lengua afilada de Juanita Márkez.

Se suele decir que en la política local las personas cuentan más que las siglas. El alcalde de Mediona es del PSC, pese a que el pueblo es de tradición independentista. Lo sugiere la cantidad de *senyeras* que cuelgan de las ventanas y lo afirma, tajante, nuestra anfitriona, que no se cansa de presumir de la convivencia tranquila que se respira en este rincón del Alt Penedès.

«*Has de conèixer a les dones del Marroc*», retoma. Cuando Juanita habla de las mujeres de Marruecos piensa en esas mujeres que dieron la voz de alarma cuando descubrieron que un marido no dejaba a su esposa salir de casa; esas luchadoras que apoyaron a la mujer para que fuera a una casa de acogida y organizaron una manifestación contra la violencia machista en el pueblo. Esas que tuvieron que encajar la frustración de que, el día del jucio, la mujer declarase que no salía de casa por una cuestión voluntaria, que le gustaba la vida que llevaba. La frustración de que decidiera volver a casa con su esposo. «El marido lleva túnica...», dice Juanita, pero al rato ella misma se corrige: «No tiene nada que ver».

Cuando Juanita dice que no tiene nada que ver, piensa en otra historia, la de una chica de 21 años, cantante, autóctona, cuyo novio no la dejaba moverse sola. Un vecino, un chaval marroquí, llamó a la policía cuando escuchó llantos y gritos en la casa. La joven puso fin a la relación y empezó a volar: «Ahora actúa, representa también a otros grupos como mánager y participa en proyectos contra la violencia machista».

Enlaza esa historia con otra: la hermana del chaval marroquí se casó con un hombre que empezó a controlar su vestimenta y a presionarla para que dejara de trabajar. «Pero ella tiene unos ovarios que nadie va a decirle lo que tiene que hacer». Reaccionó pidiendo una orden de alejamiento y el divorcio.

Lo que distingue a este municipio del resto de la comarca es la respuesta del vecindario ante la violencia machista: «No esperamos a organizar un taller de sensibilización. Intervenimos ante el menor brote». Juanita organiza actividades para promover el empoderamiento de las jóvenes. «Me suelen poner de ejemplo en el Consell Comarcal», agrega orgullosa.

La época dorada fue cuando su amiga Eva vivía en el pueblo. Eva montaba talleres para dar a conocer las bondades de la copa menstrual, un recipiente de silicona reutilizable, más ecológico que los tampones y las compresas, y que favorece romper el tabú de la regla porque su usuaria tiene que vaciar la sangre y limpiarla en cada uso. «Se bajaba las bragas y se la ponía delante de las chavalas». La Juanita, por su parte, aparecía de improviso disfrazada de Virginia Woolf y les leía pasajes de sus libros. Repitió atuendo en el carnaval de 2012, en el que desfiló junto a Frida Kahlo y a una sufragista, portando carteles con lemas como «Sacad los rosarios de nuestros ovarios» y «Gallardón, en mi coño mando yo», rodeadas de piratas, *hippies*, princesas, mecánicos o Lacasitos.

* * *

Todos los nombres.

Juanita es Juanita Márkez, pero también es Joan y también es Juan, que es el nombre que figura en su DNI. Juanita responde a todos los nombres.

En el colegio, en Cornellà, los niños le apodaron Juanita Banana. Sus amigas, «por aquello de apropiarse del insulto» y transformarlo en actitud de resistencia, le empezaron a llamar también, pero con cariño, Juanita.

Antes de Juanita Márkez, Juanita fue Juan Rodríguez. Márquez es el apellido de su abuela materna. Cuando empezó a pintar cuadros en Formentera, eligió ese nombre artístico para honrarla: «Era la más bruja de la familia por su peculiar sabiduría»[1].

Escribe el apellido con k de «anarka», de «punki», de «okupa». El acoso homofóbico que vivía en el instituto cesó cuando se integró en colectivos libertarios. «Era la diana perfecta de la agresividad de los machitos. Yo sufrí mucho. Hasta que me volví punki». Era finales de los años ochenta y el joven Juan se sintió aceptado en esa tribu urbana. «Con ellos no tenía que justificarme y nadie me agredía. En el instituto, en seguida noté que la gente decía: "Ah, Joan ya no es la mariquita pavita, cuidado con este tío". Fue como una carcasa que me puse para que me respetaran».

Empezó a salir con el batería de un grupo punk, «guapísimo, espectacular, punki de postal de Londres, con su cresta roja». No era abiertamente gay —«era un poquito *armaria*»—, pero congeniaron. Se le nubla la mirada: «Fue mi primer novio. Luego se suicidó». También empezó a frecuentar la

[1] En una entrada de su blog titulada «Devenir Juanita», explica esta decisión y que firmar en femenino es también una forma de homenajear a las artistas que tuvieron que camuflarse con seudónimos masculinos. http://juanitamarkez.blogspot.com.es/2009/12/devenir-juanita.html

casa okupa Can Fairell. Ahí, entre cinco colegas, algunos de los cuales siguen estando muy unidos, montaron el colectivo Gailes. «Fuimos el primer colectivo de gais y lesbianas dentro del movimiento libertario de todo el Estado español —vuelve a presumir—. Éramos muy respetados».

—¿En la asamblea okupa no había gente homófoba?

—No, ni machista. Es un poco como este pueblo; lo explicas y suena a idílico, a cuento de hadas. Pero algunos tenemos que ser los primeros en todos los sitios. No dejábamos que hubiera comportamientos homófobos ni machistas. El colectivo se llenó de heterosexuales que encontraban en él una calidez que no primaba en la asamblea general, donde el estilo de militancia tendía a la ortodoxia dura. Además de luchar, nos queríamos. Nos cuidábamos mucho. Nos dábamos besitos. Y eso atraía.

Juanita habla con nostalgia de unos tiempos en los que rompían todas las normas sobre sexualidad. «Había una lesbiana que tenía una pareja chico, y nadie les pedía explicaciones». Esa libertad, afirma, no se respiraba ni en la asamblea de la okupa ni en los colectivos LGTB ajenos al movimiento libertario. Tenían una biblioteca que suplía la falta de referentes literarios diversos. *Carol*, de Patricia Highsmith; *Beatriz y los cuerpos celestes*, de Lucía Etxebarria; *Maurice*, de E. M. Forster… Ahí brotó su vocación de bibliotecaria. «*Ara tenim molta literatura gay lèsbica, però nosaltres no trobàvem literatura. Ara és més normal, però fa vint o trenta anys no era tan normal*», recuerda. La actividad más memorable de Gailes eran sus fiestas. «Las organizábamos entre cinco y venían 200 personas. Hacíamos cabarets, mezclábamos mucho lo punki con el mariconeo y a los vecinos les encantaba». Un número habitual consistía en que Juanita saliera en bragas y sujetador, y Ana, lesbiana menuda, de pelo corto y aspecto andrógino, en calzoncillos, para leer en paños menores algún manifiesto político.

Con la chispa y el salero de Gailes, la casa okupa se convirtió en un referente de la escena *underground* catalana, hasta que llegó la orden de desalojo. Se sintieron muy arropados por un vecindario de tradición obrera que, además, disfrutaba del ambiente del centro social. El alcalde era José Montilla, el político del PSC que años después presidió la Generalitat y, para dárselas de progresista, les ofreció un local. Como buenos okupas, no accedieron a la negociación. Juanita se recuerda abrazada a otras quince personas dentro del edificio, viendo cómo la pala de la excavadora se cernía sobre el techo de uralita. «Los policías nos cogieron una por una en brazos», cuenta con coquetería, como si una parte de ella hubiera disfrutado de ese instante de película de Hollywood.

Juanita sigue defendiendo que la cultura punk «hizo mucho por la revolución de gais y lesbianas», y aplaude a bandas como Parálisis Permanente o La Polla Records a la vez que reprueba las letras ofensivas de otras: «Tenías que hacer un poco de selección. Cicatriz cantaba: "Escúpele a los gais, escúpele a las viejas"». Fue también en Can Fairell donde ella se hizo feminista, acogida por su grupo de mujeres que mantenían la casa okupa libre de machos homofóbicos. «Hace poco se publicó un artículo, "Lo que el punk hizo por el feminismo". Yo, en mi Facebook, le di la vuelta, dije que hay que reconocer lo que el feminismo hizo por el punk».

* * *

Juanita se acomoda su gorrito de lana morado para salir a la calle: «*El porto perquè estic molt guapa i perquè el fred em molesta a les orelles.* Cuando critican a las marroquíes por llevar velo, yo digo: "¡Si yo siempre voy cubierta y nadie me molesta!"». Viste un jersey de lana a rayas verdes y rosas, pantalones de pana y botas de monte. Ya en marcha, cumple con su promesa de presentarme a todo el pueblo.

Primera parada, el supermercado. Me presenta a la cajera —una mujer de cincuenta y tantos años, afable, rubia con mechas moradas— como la primera castellera de la comarca. Ella me pregunta si entiendo catalán. Le digo que sí, muy ufana. No entiendo ni papa. Salimos y Juanita me traduce su hablar cerrado: que ella no se da esa importancia, que simplemente le agradaban esas espectaculares torres humanas y exigió poder participar. Al principio, los hombres le intentaron imponer ser *crossa,* figura que se sitúa en la base y que también se conoce como muleta, «porque decían que las mujeres son pequeñas y sufridas». Juanita agrega otro motivo: «Abajo no estás tan expuesta a que te soben». Sonríe con picardía y da rienda suelta a su fascinación hacia los castellers: «Tú ves esos culos prietos, cómo los cogen con las manos, todo el mundo se toca…». En la actualidad, la participación es mixta, y el toqueteo es tan natural que en realidad no resulta especialmente erótico.

El punto de encuentro para el taller de dibujo es uno de los dos casales del pueblo, reformado como bonito refugio rústico, con una chimenea en el centro de la sala y un patio arbolado. Dos señoras que rondan los 70 años charlan de mesa a mesa. Una de ellas participa en el *grup de dones* del pueblo que, entre otras actividades, reparte la comida del banco de alimentos entre personas necesitadas. «No son muy activistas, siguen con la actitud caritativa que se espera de las mujeres —me susurra Juanita cuando salimos al patio, aunque duda y se corrige—. Se ayudan entre ellas, eso también es hacer feminismo, aunque no sepan qué es la teoría *queer*. Se parecen más a las indígenas que a las feministas de Barcelona».

Nos acomodamos en una mesa del patio y empiezan a llegar las participantes del taller. Una mujer de mediana edad, de manos recias y gesto relajado, que se recuesta en la silla con un carajillo y un cigarrillo de liar: es la primera moderna del pueblo. En los años ochenta hacía cosas exóticas para el resto de habitantes como portar a su bebé en la espalda al estilo indígena o ir sola al bar. «Rompió con muchas normas y abrió camino», dice Juanita, y la aludida asiente. A la moderna se le suma una profesora de yoga y meditación, con aspecto de profesora de yoga y meditación: expresión serena, pelo blanco recogido con una pinza de mercado de artesanía, un largo abrigo de lana color crudo.

«¿Tienes leche vegetal?», escucho junto a mí cuando voy a pedir otra ronda a la barra. Definitivamente, estamos en un pueblo progre de postal. Se nota que hay una escuela de educación libre cuando el casal se llena de familias jóvenes con flequillos y greñas tipo CUP, piercings en la nariz y ropa de monte de Ternua. Se nota en el supermercado, donde hay una sección de productos ecológicos. Se nota cuando *gugleas* Sant Joan de Mediona y los principales resultados son de una cerveza artesana que se produce en el municipio. Se nota cuando vas a la panadería y el tablón de anuncios está repleto de anuncios de reiki y similares. «Hay mucho "ser de luz" en este pueblo», dice con sarcasmo.

Empieza el taller, pero Juanita sigue presentándonos a gente. Pega un grito: «¡¡¡Ángel!!! Ven para acá». Él también es pintor. El hombre, alto, delgado, con ropa de pana naranja, gorrito beis y aspecto desaliñado, saluda y se escaquea rápido. Sin esperar a que terminen las explicaciones de la formadora, Juanita saca un cuaderno cuadriculado y empieza a dibujar árboles a lápiz. Curioseamos su boceto y se sonroja: «Lo mío es pintar capillas sixtinas, lo de esquemático me cuesta».

* * *

Volvemos al otro casal a almorzar y la camarera ahora es otra, una joven de melena lisa, rubia paja, muy simpática. Es de origen ucraniano —me lo cuenta Juanita, que también detalla su dramón familiar— y es la que tira del bar. Juanita saluda a toda la clientela y se nota que es un personaje conocido y querido en el pueblo. Los cabarets que organizaba a finales de los ochenta en la okupa de Cornellà, ahora los celebra en este pueblito del Penedès. Como cuando invitó, para inaugurar el Panti, a la rapsoda lesbiana Txus García y su entonces pareja artística Laura Gutiérrez.

En aquella ocasión la sala estaba abarrotada. Txus recitó poemas enfundada en un masculino traje negro, con sombrero de ala, pestañas postizas y un clavel rojo detrás mientras de fondo sonaba una sardana. Laura, vestida de *pubilla* (traje tradicional catalán), meó en un orinal. Se desnudó y una espectadora supuestamente espontánea se levantó y le empezó a escribir por el cuerpo insultos: puta, guarra, bollera, gorda... Cuando terminó, la besó. Fin de la función. «Las yayas decían: "*Molt bonic, molt elegant*". Todavía hoy lo seguirán recordando».

Nos interrumpe una joven morena grandota y campechana. Mientras charlan, Susanna me susurra: «Es familia de Benicio del Toro, Juanita te lo va a contar, ya verás». Juanita se gira hacia mí: «Anna es prima de Benicio del Toro». El parentesco le viene por parte de padre, biológico y ausente, de origen portorriqueño. Anna es una de sus cómplices de travesuras feministas y *queer*. De hecho, presentaron juntas el cabaret de Txus y Cristina. «Es una *mariliendre*[2]; me vio pasear por la calle cuando ella tenía unos dieciséis años, y por lo visto le dijo a su madre: "Mamá, me encanta su pluma"».

Llegamos a los postres y el casal se llena de yayos: algunos juegan a cartas (el *truc*) y al dominó, otros miran en la tele un partido Valencia-Getafe. «No hay mujeres», acuso intentando encontrar una fisura en el idílico pueblo progre. «Ellas juegan a *bitlles*, a los bolos», replica Juanita desde su rol de embajadora local. Y sigue presumiendo de pueblo igualitario. Destaca que el equipo de fútbol es mixto tanto en las categorías infantiles como en las juveniles, y la entrenadora es una mujer. Juanita también contribuye a ello. Por ejemplo, negándose a que los baños del Panti sean segregados. Una vez, una ilustradora le mandó unos dibujos para los baños: un niño vestido de azul y una niña vestida de rosa y llena de lazos. Juanita, muy educada, le contestó que en ese servicio de la juventud hay lavabos mixtos y que están en contra del binarismo de género.

Un camarero de aspecto adolescente nos recoge los platos y nuestra anfritriona también tiene una historia que contar sobre él: «Me enteré de que el Parlament había aprobado la ley contra la LGTBfobia porque él me felicitó».

* * *

«*Pera és l'home més guapo del món*». Juanita tiene ganas de presentarme al amor de su vida, pero se nos resiste porque ha tenido que ir a por medicamentos a la ciudad. Nos lo encontramos en el supermercado, pero anda apurado. Además de guapo, es un sobreviviente. Es VIH positivo y ha superado un

[2] Forma coloquial para referirse a las mujeres heterosexuales que frecuentan ambientes gais.

cáncer. Se conocieron en la Bata de Boatiné, el emblemático antro *queer* de El Raval en el que eclosionó la farándula transfeminista y *pornopunk* de Barcelona. Pera lo regentó desde 1996 y cerró, ya con otros dueños, en 2014. Pera, por cierto, se llama en realidad Pere, Pedro en catalán, pero le cuento a Juanita que ese nombre me da risa porque se pronuncia como la fruta y me replica que, efectivamente, a él le gusta escribirlo terminado en a. Se conocieron en la Bata, se enamoraron y, cuando Pera decidió traspasar el bar, se mudaron juntos a Formentera.

La enfermedad de Pera les expulsó del paraíso. Tuvieron que regresar a tierra firme para que se tratase el cáncer. Conocían Mediona por unos amigos que ya vivían ahí y les pareció un buen lugar en el que vivir esa etapa.

«Soy Juan y este es mi novio». No hay salida del armario cuando uno ya no se esconde. Fueron la primera pareja abiertamente gay de Sant Joan. Cuando llegaron al pueblo, Pera se había quedado calvo y sin cejas por la quimioterapia. Juanita encontró trabajo en un comedor escolar y el diálogo con los niños fue tal que así:

—¿Tienes novia?

—No, tengo novio.

—¿Y quién es? ¿El calvo?

—Sí.

—¿Y qué le pasa?

—Que lo han tratado de cáncer.

—Ah, a mí también me han operado.

A Juanita le encantan los niños porque todavía no se han contaminado de prejuicios.

Pera y él se separaron, pero siguen estando muy unidos. De hecho, les cuesta emparejarse. Juanita habla mucho de sus ligues, pero su ex deja poco sitio libre en su corazón. «En el pueblo, la gente piensa que hemos vuelto como pareja, pero no. *Jo l'estimo molt i ell m'estima molt*».

Son las seis de la tarde y ya es noche cerrada. Hace frío. Volvemos a casa y nos sentamos muy cerca de la chimenea para entrar en calor. Alquiló esta vivienda unifamiliar cuando se separó de Pera, que vive en la misma calle. La casa está repleta de antigüedades —una máquina de coser Singer en el pasillo, un carricoche clásico en el patio, lavamanos con palangana en las habitaciones—, pero no es afición sino azar: el arrendador es un anciano que ahora tiene 102 años. La camisa blanca y las enaguas que utiliza para disfrazarse de Virginia Woolf son algunos de los tesoros que encontró en los armarios. Juanita, poco interesada en la decoración, va poniendo color poco a poco a un hogar algo fantasmagórico en el que la mitad de dependencias están simplemente llenas de trastos. Ha pintado el recibidor de naranja; el salón de verde manzana; las vigas y puertas de turquesa y la cocina de magenta, a juego con el fondo del retrato de Amy Winehouse que reina en el salón.

Se nos unen las tres gatas de Juanita. Venus, negra, de pelo corto, es distante con las visitas y se resiste a cederme el sillón orejero destrozado por los arañazos. Es macho, pero se refiere a él en femenino porque cuando lo adoptó pensó que era hembra. Hora, en cambio, se acomoda sin complejos en el regazo de Susanna y permanece en la misma postura hasta que a la humana se le duermen las piernas. Esta gata (mi preferida) tiene un frondoso pelaje blanco y anaranjado que, de entrada, contrariaba a Juanita. «Supone barrer todos los días y, como diría Maruja Torres, yo no soy tan guarra como para limpiar tanto». Syrio, hermano de Hora, pero de pelo corto, retoza con su dueña; es el único que suele dormir con ella.

Juanita habla de sus gatas como si fueran sus hijas, que lo son. Hay alguien más a quien quiere como a un hijo: Anour, un joven de origen marroquí que lleva en Mediona desde niño, habla catalán mejor que Juanita y, sin embargo, sigue en situación administrativa irregular. Por más que la bibliotecaria redacta cada año informes sobre lo integrado que está en el pueblo, la férrea ley de extranjería exige contar con un contrato de trabajo por un año, y no uno cualquiera: de 40 horas semanales y bien pagadas. «Una quimera en tiempos de crisis económica», se indigna Juanita.

Devoramos las castañas, se enciende un porro y hablamos de política. Es jornada de reflexión y conjeturamos sobre los resultados de las elecciones generales. Su alma es anarquista, pero vota, por pragmatismo, a partidos de izquierda anticapitalista. Se mantiene muy informada escuchando la radio y navegando en foros de Internet. No escribe en ellos pero se despacha en su Facebook con comentarios como estos:

«*En el senado ciu y pp han metido una enmienda de estrankis pa seguir privatizando la sanidad a cambio de no poder desgravar lxs q estamos de alquiler. gora les cup!*».

«*Ver a la derechona catalana, cómplice de la mafia covergente y española al mismo tiempo, saltando a la yugular de Ada, hace q me corra*».

Empieza a asomar la Juanita ermitaña. La empiezo a notar cansada de tener visitas. Le cuesta horrores ir a Barcelona, no te digo ya viajar más lejos. Le gusta rememorar sus tiempos de noches locas de sexo y *speed*, pero ahora prefiere recibir a sus amistades urbanitas en el pueblo, asarles castañas, prepararles *calçots* en la barbacoa y regalarles siempre un ramillete de *farigola* (tomillo). Ya no podría vivir en la ciudad. En su muro de Facebook presume de felicidad silvestre:

«*Agenda del día: pasear por el bosque, cosechar endrinas, llenar el senalló de leña y romero, saludar a las vecinas, hacer un pastel de queso, comer las lentejas que hice ayer, celebrar la castanyada con amiguis del pueblo y rodalies, volver a casa y ponerme a jugar con lxs gatxs, leer…*».

«Un día, mi amiga Noe me tiró las cartas del tarot y pregunté: "¿Por qué no me voy de este pueblo, con lo nómada que he sido?". Salió que era mi sitio, que ya había cumplido mi objetivo. Pensándolo fríamente, es verdad. Me siento bien aquí, tengo el trabajo de mis sueños, ni en vacaciones quiero moverme, el cuerpo no me lo pide y a Pera tampoco». Cenamos mejillones cocinados al vapor con vino blanco y mucho ajo, una de sus especialidades culinarias, charlamos un poco más y nos vamos a dormir temprano, que a la mañana siguiente nos volvemos a Bilbao.

—¿Cómo vas a pasar la Nochevieja, Juanita?

—Igual con las amigas del pueblo, pero tampoco me importa pasarla sola. Hago mis rituales.

—¿Qué rituales?

—Me los invento. Con el fuego es fácil. O hago como las brujas: me fumo un porro de más y vuelo.

4

JUANITA SIGUE MUY VIVA

LAGO DE MANAGUA
LEYENDA

Juanita aprendió a correr con tacones muy joven: huyendo de los chavalos que la perseguían.

La primera Juanita que conocí, en 2012, era bella, alta y esbelta; tenía la piel tostada y lucía melena azabache hasta la cintura. Yo impartía un taller de comunicación feminista en Managua y Juanita era una de las participantes que más se divertían; le gustaba ruborizarme en los descansos con sus desinhibidas pláticas sexuales. La Juanita era, y sigue siendo, una chica extrovertida, tranquila, a ratos algo escandalosa y teatrera. Si me leyera, gritaría con su latiguillo: «¡No, niiiiiiñaaaaa!, ¡qué valoooor!».

Esa primera Juanita utilizaba mucha base de maquillaje para ocultar la sombra de la barba, lápiz de ojos y sombra oscura para resaltar su mirada, a juego con unas uñas largas pintadas de negro. Vestía camisetas ajustadas y *shorts* para presumir de piernas largas y finas. O camisolas largas con *leggins*. Completaba su *look* con sandalias y aretes grandes. Aunque llevase unos tejanos y una camiseta corriente con algún mensaje reivindicativo, siempre se veía arreglada y bonita.

Era una de las trans más activas y carismáticas de Nicaragua hasta que, tres años después, decidió cortarse la cabellera. En seguida corrió el rumor: «La Juanita vuelve a ser Juan Carlos». En realidad, la Juanita sigue siendo Juanita: bella, alta, esbelta, extrovertida, tranquila, a ratos algo escandalosa y teatrera. Ahora su físico —pelo corto engominado, barbita perfilada, camisa vaquera— cuadra con su nombre oficial, Juan Carlos Urbina. Solo cambió de aspecto, pero eso lo cambia todo.

«El acoso de los machos era insoportable. Me sentía muy expuesta, muy vulnerable. Cuando entré al salón [de belleza], qué clase de *vulgareo* la de los hombres que estaban a la entrada. Cuando salí, ya con el pelo cortito, ni me miraron». Dejó de maquillarse y de afeitarse la barba. Pocos meses después me mandó fotos por Facebook de un apuesto joven vistiendo camisa, cinturón, *jeans* y zapatos de vestir. «Así ando ahora».

Juanita dice que esto de la masculinidad es algo temporal, dice que bueno, no sabe. Por ahora es un refugio.

* * *

Si sos mujer y te subís en hora punta a una ruta (autobús urbano) en Managua, no te extrañe que algún hombre aproveche el gentío para frotarse contra tus nalgas. Si sos mujer y te movés en bici, no te extrañe que un motorista te adelante despacito para tocarte tu trasero. Si sos mujer y caminás sola por una acera, no te extrañe que un carro disminuya su velocidad y te siga, formando tráfico incluso, con los vidrios bajados para que escuches los insultos que te gritan sus ocupantes. Si sos mujer y pasás por delante de un autolavado, no te extrañe que sus empleados te ofrezcan su manguera: «Ya verás qué rica, mojadita».

Desde el cielo, Managua es un vergel de chilamates, palos de mango, almendros y malinches. Managua también es agua. «Mana-ahuac» en náhuatl significa «junto al agua» o «lugar rodeado de aguas». Los primeros pobladores se asentaron, hace 15 000 años, a orillas del lago Xolotlán, de 10 000 kilómetros cuadrados y un sospechoso color gris pardo, vertedero de las aguas fecales de esta urbe que hoy tiene más de dos millones de habitantes y que cuenta también con seis lagunas cratéricas. Apenas dos edificios altos —el Banco de América y el edificio Pellas, de 15 y 10 alturas respectivamente— sobresalen en la maraña desordenada de casitas bajas con las que se repobló la ciudad, hecha añicos por el terremoto de 1972.

Desde el suelo, Managua es puro asfalto hirviendo, rotondas, tráfico caótico, autobuses antiguos de colores a los que hay que encamararse en marcha, cláxones de carros impacientes que, a cada rato, sortean imprevistos previsibles: chavalos jugando en torno a una portería de fútbol, perros callejeros, borrachos desplomados, caballos desbocados. Cruzar la carretera es un deporte de riesgo, los escasos pasos de cebra no se respetan.

Managua no es ciudad para peatones, pero menos aún para peatonas. Según un estudio del Observatorio contra el Acoso Callejero, en Managua nueve de cada diez mujeres han sufrido algún tipo de acoso en la vía pública. Incluyen silbidos, comentarios sobre su cuerpo («qué rico ese culito»), miradas y gestos lascivos, comentarios sexuales («te mamaría las chiches») e insultos sexistas, por ejemplo, el consabido «fea» a la mujer que protesta ante el acoso. Y, lo más habitual, el aparentemente inofensivo «adiós, amooor» con el que son interrumpidas a cada cuadra. El 40,7% también aseguró haber vivido agresiones como exhibicionismo, manoseos y persecuciones.

Este goteo cotidiano se convierte en diluvio si sos una trans despampanante como la Juanita. Al acoso machista se suma el rechazo transfóbico: el de la persona que se cambia de asiento en la ruta después de haberte mirado una y otra vez intentando averiguar si sos hombre o mujer. Y se suma también la amenaza de ser vejada, golpeada, violada, si «descubren» que no sos una mujer «de verdad»: el 80% de las mujeres trans afirma haber vivido algún episodio de violencia por su identidad de género[1]. Ese es uno de los grandes miedos con los que vivía Juanita: ¿y si un nuevo amante enfurecía al descubrir su cuerpo, y la mataba?

En un vídeo realizado en 2012 para el colectivo feminista en el que trabaja, La Corriente, Juanita —vestida con camiseta de tirantes, falda por encima de la rodilla y sandalias de tacón— camina con decisión hacia la polvorienta estación de autobuses de la Universidad Centroamericana, y las miradas se le clavan como aguijones. Apoyado en un microbús, un hombre la mira de arriba abajo, se ríe y se abanica; otro camina muy cerquita de ella con risita burlona, ella le asesta una mirada dura. Cruza la carretera y una pareja, chavala y chavalo agarrados de la mano, también se fija en ella. Sus miradas son igual de inquisidoras, pero solo el chico se voltea para mirarle el culo. No es una *performance*, es una recreación consciente de su día a día. Juanita habla a la cámara con su voz dulce y su tono expresivo pero pausado:

«Me sentí estresada por ver todas las miradas, todas las palabras y todas las ofensas. Me siento... No tengo una

[1] Según el estudio sobre la situación del colectivo LGTB, «Una mirada a la diversidad sexual en Nicaragua», editado en 2010, las mujeres trans son la identidad sexual más vulnerable, las que viven mayores niveles de discriminación y violencia, tanto por salirse de las normas de género como por el machismo que implica asumirse públicamente como mujeres.

palabra para expresar lo que siento ahorita. Pero sí siento que siempre que salgo a la calle y yo soy tan evidente, eso me golpea mucho emocionalmente. Me causa mucha tristeza, la gente te ve como una persona extraña, como que no sos de este mundo. Y pienso también que es evidente ver que la sociedad no entiende que un hombre quiera ser mujer».

Tres años después, decidió darse el permiso de experimentar el gozo de pasar desapercibida. Ya no se siente observada por las calles de Managua, los hombres ya no la chiflan a cada rato, los carros ya no se detienen a su paso ni asoman cabezas por los vidrios.

Pero el refugio tiene sus grietas: hay un nuevo miedo con el que no contaba. Cuando andaba vestida de mujer se encaraba a los acosadores sin que le temblase la voz; ahora, cuando un homófobo le lanza un grito burlón —«¡Locaaaa!»— intenta ignorarlo y seguir caminando. «Créeme, ahora jamás regresaría adonde un hombre a decirle: "*Oe*, ¿qué te pasa?, ¿cuál es tu problema?". El miedo a que me agredan es más palpable. Como soy de su colectivo, me hablan en el mismo código, de hombre a hombre». Y, entre hombres, los problemas se solucionan a golpes.

* * *

¿Cómo vuelve a ser hombre quien nunca llegó a serlo?

La Juanita ha cambiado de aspecto pero no de voz. Siempre la tuvo clara y atiplada. Salió del clóset como niña trans con solo once años. A los quince se empeñó en que ella también quería tener su fiesta de quinceañera, como el resto de jovencitas. Y su mamita se la organizó. «Son los quince años del cochoncito que vive por el tallerón de Juan Baca», chismeaban los vecinos de su pueblo, Nagarote[2]. Aún conserva la foto: recostada en su cama con pose de sirena, lleva blusa de tirantes, un ramillete de rosas y está rodeada de bolsas de regalo rosadas. En realidad, su precocidad no es excepcional. Una de cada cuatro trans inicia su transformación de género en la niñez.

Nunca fue hombre, pues. Pero ahora lo parece, y la gente la trata como hombre. Aunque su voz suene como antes, aunque camine igualito que antes, como modelo de pasarela, con un sobrio contoneo y la pelvis un poco adelantada. Ha intentado moldear su voz y su pose para hacerlas más masculinas, pero le cuesta. Con todo, la gente la trata como hombre. También su pareja. «Me fui a vivir con mi novio acá en Managua. Llevo menos de un mes saliendo con él». Estaba cansada de viajar a diario desde Nagarote, que está a 40 kilómetros. A él le habían echado de casa y ella le propuso mudarse juntos. Ahora se lamenta, cree que se precipitó.

«Él no sabe de mi vida pasada, o eso creo, y es curioso que esté más próximo a la feminidad que yo. Es de los muchos gais que tienen esa idea de que en las parejas homosexuales también se dividen los roles, y que uno tiene que asumirse como hombre y el otro como mujer. Eso me molesta enormemente. Espera de mí que actúe como un macho alfa: el que paga todo, el que mantiene la casa. Ha sido una lucha explicarle que debemos aportar por igual, que las tareas de la casa son compartidas y que yo no soy un macho tradicional».Todo el mundo parece haberse adaptado rápido al cambio. Demasiado rápido.

[2] Esto lo cuenta en el vídeo *Transitando el género III: Revivir la foto*, que se puede encontrar en YouTube.

Su mamá se ha vuelto más servicial. Ya se sabe, su hija vuelve a ser varón y a los varones no hay que dejar que levanten ni su plato de la mesa.

En la universidad tardaron dos años en respetar su deseo de llamarla Juanita. Cuando apareció con el pelo corto, camisa, tejanos y perilla, no dilataron ni una semana en volver a llamarle Juan Carlos. La Juanita les preguntó por qué, si acaso le habían preguntado cómo prefiere que la llamen ahora. «Una profesora me contestó que ahora soy un jovencito muy guapo».

Los chavalos de Nagarote que antes se metían con ella, ahora la miran, saben quién es, pero ya no le dicen nada.

Ahora que, aparentemente, ha vuelto a la normalidad, sus tías le dicen que por qué no empieza a pensar en formar una familia, en tener hijos. Con una mujer, claro. Ahora que ha vuelto a la normalidad, esperan que sea un varoncito como Dios manda, nada de cochonadas.

En la discoteca del pueblo, las chavalas esperan que las saque a bailar. «Acepté bailar con una, y la chavala empezó a buscar cómo besarme. Yo la apartaba y ella volvía a intentarlo. Al final le dije que tenía que ir al baño. Mi hermano me dijo: "Aprovechá y tocale una teta"», cuenta asqueada.

Siente repulsión cuando tiene que entrar al baño de caballeros. Evita usar los urinarios porque ha percibido las miradas morbosas que intercambian los hombres, esas miradas indiscretas para ver quién la tiene más grande: «Me he dado cuenta de que es el espacio en el que los hombres sacian sin pudor su sed de fantasías homoeróticas».

Las activistas transexuales le han dado la espalda. Antes la veían como a una privilegiada, porque había conseguido un trabajo a media jornada en una organización social que le permitió salir de la exclusión social. Ahora la ven como una traidora, de la causa y de sí misma. Así se lo dijo, sin reparos, una trans en un foro feminista latinoamericano: «Sos una traidora de tu propia identidad de género».

Aunque conserva su trabajo en la organización feminista con el apoyo de su directora, aunque fue la Juanita la que dio el paso de anunciar al Movimiento Feminista de Nicaragua que ya no iba a participar en sus asambleas, tampoco se ha sentido del todo comprendida por sus compañeras de lucha. «Hablan de identidades de género, pero en la práctica muestran poca empatía hacia las experiencias cotidianas de las trans». Ha tenido que escuchar que su experiencia ya no transgrede nada, que se ha acomodado al lugar que el patriarcado le reservó. Muchas le han hecho sentir que ya no es una más, porque ha elegido los privilegios de vivir como varón.

Hablan por ella: dicen que Juanita vuelve a ser Juan Carlos y que ya no es trans, que ahora es un muchacho que ni siquiera tiene tanta pluma como para ser tan discriminado como otros gais. «Pero yo no me siento hombre. No soy un macho, ni lo quiero ser».

No quiere ser un macho, pero la feminidad era cara, incómoda y dolorosa. Invertía mucha plata en maquillaje y más aún en productos para cuidar su melena. «¿Sabes cuánto gastaba yo en los mejores champús?». La barba ya salía muy dura de afeitarla a diario. Usaba ropa interior varias tallas más pequeñas de la que le corresponde para que no se notase bulto alguno en el pantalón; entre esa presión y el calor sofocante de Managua, terminaba casi siempre con las ingles irritadas.

Escucho sus explicaciones mientras almorzamos espaguetis en el comedor contiguo a su trabajo y recorro su rostro para hacerme a la idea de que ese chavalo es Juanita: la misma mirada intensa que se entrecierra cuando quiere enfatizar una idea, la misma nariz ancha, los mismos labios carnosos. Se sienta como antes, con las piernas muy juntas, pero ahora ya no oculta el bulto en el pantalón, ahora el pecho es completamente liso porque ya no usa sostén, ahora la barbita perfilada marca un mentón cuadrado que resulta viril.

«A veces extraño mi cabello, si pudiera volver a tenerlo largo con solo chasquear los dedos, volvería a ser Juanita como antes. Extraño esos maquillajes tan fabulosos que me hacía; a veces dilataba hasta hora y media pintándome. Extraño la sensación de entrar a una discoteca y que todo el mundo me mire por lo bonita que me veo. Ahora ya solo me mira si acaso algún chavalo gay… No es una cuestión estética, es algo más para mí. Pero bueno, igualmente Juanita sigue muy viva dentro de mí».

* * *

«No se nace mujer, se llega a serlo», dijo Simone de Beauvoir. Y esa frase se convirtió en el primer mandamiento de las feministas occidentales. Algunas de ellas, en cambio, dicen que las trans no pueden ser feministas, que no son mujeres «de verdad», que son machos disfrazados o que se sienten mujeres, pero en cuanto se descuidan se les escapa lo macho. La relación entre las feministas y las activistas trans no ha sido fácil[3], pese a que la teoría, condensada en la cita célebre de Beauvoir, debería traducirse en complicidad. En la

[3] En las últimas ediciones de los Encuentros Feministas Latinoamericanos y del Caribe (EFLAC), la participación de activistas trans (primero de las mujeres y ahora, sobre todo, de los trans masculinos) ha sido motivo de discusiones y enojos. Florencia Goldsman publicó en 2014 un reportaje sobre ello en *Pikara Magazine* titulado «Polémicas trans: nuevas categorías políticas en los encuentros feministas» en el que, por cierto, Juanita aparece en una de las fotos, micrófono en mano, a medio camino de su proceso de masculinización.

práctica, los estereotipos pesan. Las trans son las frívolas, las superficiales, las escandalosas, las conflictivas, las que exageran la feminidad. Las feministas son las radicales, las feas, las aburridas, las amargadas, las odia hombres, las que reniegan de la feminidad.

El movimiento feminista de Nicaragua se ha abierto poco a poco a la participación de las mujeres trans y para estas el feminismo se ha convertido en fuente de liberación, de romper con esa idea cerrada de qué es ser mujer, qué hay que hacer para ser reconocida como mujer. Juanita tiene claro que las luchas feministas y LGTBI son comunes: comparten la defensa del derecho a una vida libre de violencia, el derecho a decidir sobre tu cuerpo, tu sexualidad, tu identidad.

La Dámaso también da gracias al feminismo, que le ayudó a vivir su identidad de una forma libre y relajada. Es una joven de 22 años, morena, menudita, de cara afilada y nariz aguileña. Puede parecer tímida, pero su nombre y su discurso revelan una personalidad arrolladora: «En un principio, pensé en cambiar mis dos nombres, pero luego pensé que si podemos vivir nuestro género desde otros cuerpos y el hecho de ser mujeres no se prueba con la vagina, no había mucha necesidad de que mi nombre fuera otro. Estoy segura de que el hecho de ser feminista me dio la sensatez de entender esto».

No todos sus seres queridos lo vieron tan claro. A su mamá le costó reconocer su identidad; la familia paterna, en cambio, le expresó su apoyo. La decisión de mantener su nombre, Dámaso, escoció a sus primas. «Me dijeron que debía hacer honor a mi nombre o mejor cambiarlo, ya que mi abuelito se llamaba así, Dámaso. Yo dije que no, que yo soy La Dámaso Vargas, aunque a muchos les pese».

La Dámaso tiene una tía en Estados Unidos que la anima a que migre, que trabaje y gane lo suficiente para pagarse la reasignación de sexo. Pero a ella no le interesa. «He pensado en hormonarme para tener un poco de tetas, pero no haría un cambio tan drástico como extirpar mi pene, para mí no es ningún impedimento para ser feliz, tampoco en lo sexual. Para mí la identidad es un juego de roles».

El feminismo también sirvió para que Juanita se reconciliase con su pene. Así lo contaba, ya no renegaba de él, empezó a incluirlo en su vida sexual. «Cuando me preguntan si mi rol es pasivo, activo o versátil, yo me enturco [me cabreo] y digo que yo no tengo ningún rol, que mi sexualidad es libre», dice con orgullo. Cuando aún tenía melena y vestía minifaldas, me contó que lo había dejado con el chico con el que estaba saliendo. La gota que colmó el vaso fue que él insistió en que ella debería operarse los genitales. Para entonces, Juanita ya no toleraba a alguien que le dijera que no era lo suficientemente mujer.

La Juanita me escandalizaba y me arrancaba carcajadas contándome batallitas de sus amantes. Tenía muchos y variados. Estaba el militar fetichista que le pedía que ella vistiera su uniforme y él sus vestidos, y que con esas indumentarias, ella le penetrase a él. Estaba el italiano insaciable: «¡Una vez quiso "coger" tantas veces que ya no me cabía más semen!». Estaba el español con el que tenía cibersexo y que estaba dispuesto a pagarle un billete de avión para vivir felices y comer perdices. Eso decía.

En Nicaragua, sus novios disfrutaban con ella, pero de puertas para dentro. «Por la calle me pedían que caminara delante de ellos para que nadie se diera cuenta de que estábamos juntos».

* * *

Son las diez de la mañana en Nagarote, un municipio de 30 000 habitantes situado en la llanura entre Managua y León, con el volcán Momotombo de fondo. Es una parada obligada para camioneros y viajeros por sus famosos quesillos, un plato típico que consiste en una lámina redonda de queso blanco al estilo provolone sobre una tortilla de maíz con cebolla pochada, regada con abundante crema.

El patio del colegio está abarrotado: los estudiantes de último año visten toga y birrete; sus familiares se han puesto también sus mejores galas para la ceremonia de graduación. El calor seco de Nagarote, 37,2 grados centígrados de temperatura media, es multiplicado por el efecto invernadero del patio techado y por la muchedumbre. En la tarima, las autoridades del colegio van llamando a cada estudiante para entregarle el diploma. Dicen: «Juan Carlos Urbina». Y sube ella, radiante con su pelo suelto planchado, sus labios pintados y pisando fuerte con tacones. Sus amigas aplauden, chiflan, la vitorean: «¡Bravo, Juanita, bravo!».

Juanita se diplomó del Bachillerato el año que la conocí, en 2012. A su Facebook subió dos fotos. «Verán la gran diferencia entre una persona y la otra, que al final es la misma, pero espero que me dejen sus comentarios, si pueden notar algo diferente en la expresión de estas fotos», escribió. Son fotos de orla. En el retrato oficial, lleva la cara lavada, el pelo escondido dentro del birrete, camisa blanca y corbata granate. Su gesto es duro, apenas logra fingir una media sonrisa. En el segundo, en cambio, está radiante con su melena lustrosa, la mirada iluminada con sombra de ojos nacarada y sonrisa de anuncio de dentista. Ya no hay corbata, ya no hay género impuesto que le apriete la garganta.

En la fiesta de graduación, lució como una estrella de Hollywood. Si hubiera sido una actriz famosa, las cronistas de la prensa rosa habrían destacado su vestido amarillo palabra de honor con pedrería, su elegante semirrecogido y sus labios rojos. «Transitar por el género es algo muy frecuente para nosotras, pero no siempre resulta agradable», concluía en su muro de Facebook.

Posó para las fotos con una sonrisa triunfal, porque había conseguido lo que pocas. Solo una de cada diez transexuales ha alcanzado estudios técnicos o universitarios (la proporción es una de cada tres en el caso del colectivo LGTBI en su conjunto). Abandonan los estudios debido a la discriminación por su identidad de género; el doble que los gais y las lesbianas. Fue lo que le ocurrió a Juanita. En su día, dejó los estudios porque no le dejaban entrar a clase vestida de niña. Los retomó ya cumplida la mayoría de edad, ya asentada su autoestima como trans. Se diplomó a los 24. El director llamó a Juan Carlos Urbina, pero a la tarima subió la Juanita.

* * *

Define la RAE:

transexual

De trans- y sexual.

1. adj. Perteneciente o relativo al cambio de sexo. *Cirugía transexual.*

2. adj. Dicho de una persona: Que se siente del sexo contrario, y adopta sus atuendos y comportamientos. U. t. c. s.

3. adj. Dicho de una persona: Que mediante tratamiento hormonal e intervención quirúrgica adquiere los caracteres sexuales del sexo opuesto. U. t. c. s.

En Nicaragua casi nunca se aplica la tercera acepción. En Nicaragua, el Estado no facilita los procesos de reasignación de sexo. Las pocas trans que toman hormonas o que se ponen implantes de pecho lo hacen pagando de su bolsillo, y a menudo sin seguimiento médico. El Gobierno tampoco permite cambiar los documentos de identidad para que figuren el nombre y el sexo con los que se identifica la persona. Estos impedimentos abocan a muchas trans a la marginalidad, el estigma y la pobreza extrema. Dos de cada tres mujeres trans nicaragüenses viven con menos de un dólar al día.

Las primeras mujeres transgénero que vi en cuanto pisé Managua estaban apostadas a plena luz del día en la entrada de una de las discotecas más populares del centro de la ciudad. Platicaban entre ellas gesticulando mucho mientras esperaban que algún carro se detuviera y bajase el vidrio para preguntarles la tarifa por un servicio rápido. En Nicaragua, como en España, el trabajo sexual sigue siendo una de las pocas salidas para este colectivo[4].

La sodomía —esa expresión tan bíblica con la que los conservadores se refieren a la homosexualidad masculina, porque la femenina ni la nombran— estuvo penalizada hasta 2008. El sandinismo, otrora revolucionario, volvió al poder después de ganarse el favor de la jerarquía eclesiástica. En su política social dio una de cal y otra de arena. El mismo año que despenalizó la sodomía, penalizó completamente el aborto.

En 2010 creó la Procuraduría de la Diversidad Sexual, a cargo de una activista lesbiana. En 2013 anunció la elaboración de un anteproyecto de ley de identidad de género. Sonaba prometedor. Tres años después, no se conocen avances ni ninguna otra iniciativa que haya desarrollado la Procuraduría.

[4] En España, un estudio realizado en 2010 por la Federación Estatal de Lesbianas, Gais, Transexuales y Bisexuales (FELGTB) estimó que más del 80% de las transexuales en España viven una situación de «exclusión laboral», por lo que la prostitución se presenta como su única salida.

Tampoco ha frenado una reforma del Código de la Familia, que define la familia como «la unión de hombre y mujer con fines reproductivos», blindando la posibilidad de aprobar las uniones entre personas del mismo sexo y de promover la diversidad familiar.

A Juanita Urbina no le interesan tanto las leyes prometedoras como el cumplimiento de las actuales. No hace falta una ley de identidad de género para respetar el derecho de todas las personas a la educación, a la sanidad, a tener un empleo digno, a no ser violentadas por su condición de género. «El Estado promoverá y garantizará los avances de carácter social y político para asegurar el bien común, asumiendo la tarea de promover el desarrollo humano de todos y cada uno de los nicaragüenses, protegiéndolos contra toda forma de explotación, discriminación y exclusión», dice la Constitución política. La realidad es otra: una de cada tres mujeres transgénero dicen haber sido detenidas arbitrariamente por la policía y señalan como habituales los abusos sexuales en las comisarías.

Juanita soñaba con poder emigrar a un país en el que pudiera operarse. A España, por ejemplo. Pero ¿merecía la pena dejar atrás su vida en Nicaragua, su trabajo y su activismo, para ser una inmigrante sin papeles en Europa? Juanita se quedó en Nagarote.

Mientras llega la ley, mientras llega la voluntad política, Juanita encuentra la manera de refugiarse en su propia tierra. Mientras llega la ley, mientras llega la voluntad política, las trans se reafirman como mujeres, aunque no rellenen el sostén y lleven su pene escondido bajo los calzones.

* * *

Cuando suenan los tambores
Nicaragua va a temblar

La canción de los Hermanos Cortés da cuenta de lo presente que está la actividad sísmica en el día a día de los nicas. El país tiembla cada dos por tres como consecuencia de la fricción entre dos placas tectónicas que chocan en las profundidades del océano Pacífico a tan solo 100 km de la costa nica. Si a esto sumamos que está atravesada por una cordillera de 21 volcanes, Nicaragua es una bomba de relojería.

En abril de 2014, en plena Semana Santa, Nicaragua tembló varias veces al día durante una semana. El Gobierno de Daniel Ortega decretó alerta extrema ante una ola sísmica que sacudía el país de los lagos y volcanes. El temblor más fuerte, el primero, con epicentro en el lago Xolotlán, fue de magnitud 6,2, la misma que el que destruyó Managua en 1972, causando más de 10 000 muertos, 20 000 heridos y 200 000 damnificados.

La historia parecía repetirse. Ocurrió a las cinco y media de la tarde, hora punta. Los semáforos de la ciudad se apagaron durante unas horas, los carros se atravesaban intentando salir de alguna manera de los atascos. En los barrios, los vecinos charlaban en las aceras, nadie quería enfrentarse en solitario al fantasma del terremoto de 1972. Esa noche, toda la ciudad se preparó para una posible evacuación. Muchas personas durmieron en sus porches, con la maleta preparada para salir corriendo. Muchas personas no durmieron, pusieron cervezas frías y humor a una tensa velada en la que el suelo vibró cada hora.

Juanita actuaba esa noche en la obra sobre lesbianismo *Las hijas del maíz*, que se presentaba en el teatro principal de la ciudad, el Justo Rufino. La sesión se canceló debido al terremoto.

El seísmo abrió nuevas grietas y provocó desprendimientos en edificios históricos afectados por el terremoto de 1972, como la antigua catedral o la Universidad Centroamericana. Juanita consiguió transporte a Nagarote y encontró el pueblo a oscuras, la gente que sacaba colchones a la calle para pasar la noche a la intemperie y las casas de adobe desplomadas como en un cuento de *Los tres chanchitos* en el que el lobo sí que pudo con el ladrillo.

Los terremotos discriminan por clases sociales. Las casas de hormigón con jardín y piscina de los complejos residenciales en los que viven los mandamases de las instituciones públicas, las empresas privadas y las ONG apenas se despeinaron esa Semana Santa. El principal inconveniente que sufrieron sus habitantes fue tener que cambiar de destino vacacional. Los hoteles y alojamientos particulares de la costa pacífica se vaciaron por el miedo a un tsunami como el que terminó con la vida de un centenar de personas en 1992. Disfrutaron del clima fresquito y la solidez de las montañas del norte, en las que apenas se registró actividad sísmica y, cuando regresaron de las vacaciones, encontraron sus casas como las habían dejado.

Afortunadamente, los daños humanos fueron mínimos: medio centenar de personas heridas y dos mujeres muertas a causa de infartos. Pero 2354 viviendas de diferentes departamentos de Nicaragua resultaron dañadas total o parcialmente por el terremoto y sus réplicas. Las casas afectadas eran las improvisadas en asentamientos informales con tablones de madera y chapas de zinc, y las casas antiguas construidas con ladrillos de adobe, que aguantan las sacudidas de la tierra peor que el hormigón. Un estudio del Banco Interamericano de Desarrollo estimó en 2012 que el 78% de la población en Nicaragua no poseía un hogar digno. Entre otros indicadores, el 45% de las casas tenían piso de tierra. Esta es la razón por la que terremotos de menor intensidad que los que se registran en Estados Unidos o Japón provocan catástrofes como la de 1972.

En Nagarote, 773 viviendas se desplomaron por completo. La humilde casa de Juanita se mantuvo en pie, pero sufrió daños severos: una de las paredes se cayó y las que presentaban fisuras también pedían ser derribadas y reconstruidas. La lista de destrozos incluía una cama, un televisor y el menaje. Juanita hizo inventario de los materiales que necesitaba: 100 piezas de piedra cantera, 500 ladrillos, un quintal de hierro, 100 estribos, un viaje de arena, 10 bolsas de cemento y 15 láminas de zinc. Su salario de media jornada no alcanzaba para cubrir esos gastos.

Buena parte de los habitantes de Nagarote se refugiaron en la fe cristiana. El vía crucis de ese año tuvo un significado especial. Los creyentes pedían a Dios que no hubiera más réplicas y que les mandase ayuda para reparar sus casas. La Juanita, muy crítica con el modelo de «Nicaragua cristiana, socialista y solidaria» que promulga el Gobierno de Daniel Ortega, no pidió ayuda a Dios, sino que exigió al Ayuntamiento su derecho a que le proporcionase materiales para reparar los desperfectos, pero también para que su casa —que estaba en mal estado desde antes, con la madera carcomida y el zinc agujereado en varias zonas— estuviera mejor preparada para futuros desastres naturales. No recibió ayuda alguna. El Ayuntamiento alegó que solo habría apoyo para reconstruir las casas que habían sido totalmente destruidas, pero ella afirmó que la alcaldía se había repartido parte de las ayudas entre sus funcionarios y personas cercanas al gobierno municipal[5].

[5] Podéis escuchar a Juanita contándolo en el programa de radio *Cuerpos sin vergüenzas*. El podcast «Si la tierra tiembla, ¿qué hacen las mujeres?» está colgado en iVoox.

A falta de ayuda de Dios y de la alcaldía, la Juanita recibió el apoyo de sus compañeras feministas de Managua. Abrieron una cuenta bancaria para recibir donativos y organizaron una actividad cultural para recaudar fondos con los que costear la compra de materiales de construcción, en la que actuaron grupos de música, cuentacuentos y malabaristas. Juanita salió al escenario acompañada por su mamita, una señora flaquita y encorvada, de mejillas consumidas y mirada triste. Dio las gracias con tono firme y la cabeza bien alta, sin dar lugar a la compasión.

Cuando Juanita resolvió los destrozos de su casa, tuvo que ocuparse de otros daños, de otras grietas que la transfobia abría en su estado de ánimo. Menos de un año después del terremoto, la Juanita sacudía al movimiento feminista con su apariencia masculina. No era un cambio de identidad: la Juanita actriz creó y pulió el personaje de Juan Carlos por supervivencia. En su faceta de cabaretera había comprendido que el género es puro teatro. Algunas la entendieron o al menos lo intentaron. Otras le reprocharon que había elegido los privilegios de ser varón. Cuando escucho pronunciar «Juanita» y «privilegios» en la misma frase, pienso en las paredes derruidas de su casa, pienso en la mirada triste de su mamá.

* * *

Dicen los conservadores que ser trans es una perversión. Que por qué tienen que pagar de sus bolsillos las excentricidades de unos pecadores trastornados. Que quién les dice a ellos que esas dizques transexuales no se arrepentirán y querrán quitarse los implantes pagados por el Estado. Mejor que hagan como tantas, que se resignen a ser hombres de día y saquen los tacones y las pelucas solo de noche.

En Nicaragua solo supe de otras dos trans que decidieron volver a una identidad de género masculina. Una de ellas había sido reina de la belleza varias veces en los concursos de una conocida discoteca gay de la ciudad. Se enamoró de otra trans y decidió volver a vivir como hombre para poder tener una relación de pareja con ella. Ser trans en Managua (y en cualquier parte) es duro. Ser trans y lesbiana en Managua es impensable.

Me asomo al Facebook de este chico. En su foto de perfil aparece con visera, gafas de sol y camiseta de tirantes. Ensaya una pose impostada de machito para presumir de unos bíceps que recién empieza a intentar desarrollar como parte de su nueva (y vieja al mismo tiempo) identidad. Encuentro un comentario de Juanita: «Yo creo que es un derecho. Reconocernos como vulnerables es un derecho».

Muchas trans, antes de salir del armario, suelen tener, literalmente, dos clósets. En el de casa, guardan sus ropas de varón; en casa de alguna amiga, esconden sus prendas femeninas y el maquillaje. Ahora, Juanita no tiene dos armarios, pero sí dos muros de Facebook. En uno conserva el nombre Juana Urbina y la foto de perfil en la que posa con melena al viento, escote y mirada seductora. En el otro, vive su nueva vida como chavalo gay. En el primero, clama contra el feminicidio y la LGTBIfobia, defiende el derecho al aborto y arremete contra un gobierno cada vez más autoritario y excluyente. En el otro, al que no ha agregado a ninguna compañera feminista, no sabemos qué escribe, qué defiende, cómo se expresa.

No tomamos café ni postre. Juanita tiene que regresar al trabajo. Le pregunto si cree que volverá a los vestidos, la melena y el maquillaje. Se encoge de hombros. Pagamos la cuenta, nos damos un abrazo y le digo: «Cuídate mucho, lindo».

Su barbita y su camisa vaquera, o más bien mi mente cuadriculada, me han jugado una mala pasada. La despido y me repito mentalmente: «Juanita sigue muy viva».

5
IGUAL ALGÚN DÍA NO QUEDAMOS NINGUNA

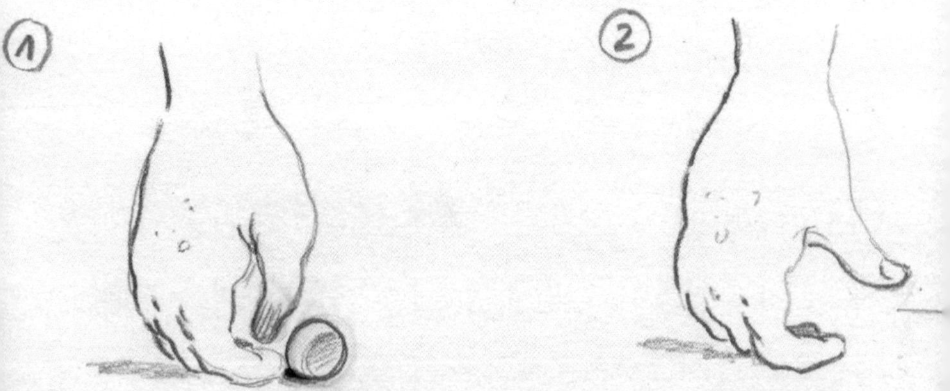
1
2

Sala | tita
14 | 18
15 | 19
16 | 20
18 | 21
23

«¿Qué desean?», pregunta detrás del mostrador doña Herminia, 75 años, delantal y pelo castaño recogido en un moño, mirada vivaracha y aguda, gafotas de pasta, sonrisa de buena comerciante.

Una buena empanada gallega es lo que deseamos, pero la Tafona de Herminia, a la que hemos entrado atraídas por el rótulo de motivos medievales, no es una panadería «normal». Herminia detecta la sorpresa en nuestra mirada y nos pregunta de dónde somos —«Solo para saber si os hablo en gallego o en castellano»— y a continuación nos presenta ceremoniosa cada una de las delicias que asoman en una alacena de madera engalanada con ribetes de ganchillo. «Los mostachudos llevan nueces y clavo de olor y se elaboran sin harina», destaca. Hay dulces de almendras y cardamomo, de semillas de amapola, de crema de dátiles y agua de rosas.

La pared de piedra opuesta al mostrador está forrada de utensilios de campo: tenazas para la chimenea, tijeras de poda, herraduras de caballo, recipientes de latón. Parece un museo etnográfico. Otra pared está forrada de fotos y recuerdos.

Al fondo está la cocina de leña, en la que trabaja un señor que parece ser (y es) su esposo: «Mi marido está cocinando pescado», presume ella.

Lo mejor de viajar es sentirte momentáneamente desorientada: entrar en una panadería gallega y no encontrar empanadas en el mostrador. Herminia nos mira y sonríe, a la espera de que pidamos algo, así que finalmente le pregunto:

—¿Cuál es la especialidad de la casa?

—Dulces hebreos.

Horas después descubriremos que la Tafona de Herminia es una de las atracciones turísticas que anuncian las señales en la vía que bordea el casco histórico de Ribadavia, un pueblo de Ourense perteneciente a la comarca del Ribeiro. Ya de regreso a casa, leeré un artículo sobre Herminia en *El País*, que explica que la pared repleta de fotos es su particular muro de Facebook: son instantáneas que le han mandado de todo el mundo viajeros que quedaron prendados de su exótica repostería.

Imagino que Herminia elabora sus recetas *kosher* como una manera de mantener viva la memoria de unos ancestros sefardíes, pero su negocio tiene un origen más coyuntural. El Centro de Estudios Medievales de Ribadavia le propuso en 1990 que elaborara un surtido de dulces para un concierto de música sefardí. A partir de entonces, los vecinos del pueblo compartieron con ella viejos recetarios judíos que habían pasado durante siglos de generación en generación, y Herminia terminó por especializarse en repostería sefardí. Adquirió una histórica panadería y la convirtió en uno de los puntos de interés de Ribadavia, que alberga una de las juderías más notables y mejor conservadas del norte de la península ibérica.

Por las calles de Ribadavia pasean más gatos que personas. La lluvia y el frío no invitan al turismo. Apenas nos cruzamos con un par de parejas, él con la cámara al cuello, ella con el mapa a mano para ir tachando los «hayques» que recomienda la página web de turno: las iglesias románicas de Santiago y de San Xoán, la plaza de la Magdalena, la Casa de la Inquisición y la Porta Nova, el arco por el que se accede a la ciudad, amurallada desde el siglo XII. La Xudería es una maraña de callejuelas de casitas de piedra con galerías blancas y contraventanas de colores que invita a colarse por los soportales en los que comerciaban los judíos y a descubrir en las fachadas blasones e inscripciones antiguas. Las modernas plaquitas de azulejo con estrellas de David y candelabros de siete brazos indican que sus habitantes se han sumado a la recuperación de la simbología de esos judíos perseguidos por la Inquisición y expulsados en 1492.

La lluvia acentúa la atmósfera nostálgica y algo fantasmal de un casco antiguo que vive del recuerdo de un pasado esplendoroso. La actividad comercial —los bancos, las panaderías y fruterías, los bares de copas— se ha desplazado afuera de las murallas. En el corazón de la Xudería, varias fachadas cuelgan el cartel de «Se vende». Otras descubren interiores desconchados y jardines engullidos por la maleza.

Estamos lejos de Santiago de Compostela, lejos de las islas Cíes, lejos de Finisterre. En la carretera, Ourense anuncia sus encantos: las termas, el vino ribeiro, el majestuoso río Miño. Pero esta provincia de interior sigue siendo una gran desconocida. La mayoría de turistas que recalan en Ourense procede de Madrid. Ribadavia es, después de Benavente y Sanabria, una de las paradas con sabor histórico que ofrece la autovía que les lleva a la playa.

Además de desconocida, Ourense es una provincia despoblada. Ha perdido cerca de 150 000 habitantes en medio siglo y solo tres de sus ciudades (aparte de la capital) tienen más de 10 000 habitantes. Es la tercera región más envejecida de Europa. El 29,6% de su población supera los 65 años de edad. Como Herminia. Como la señora que regenta el estanco: pelo blanco algodonado y gesto adusto. O como la anciana de cabello corto y gris que conduce decidida por las angostas calles empedradas de la Xudería un coche de tres puertas con un pitillo (apuesto que Ducados) entre los labios. Me recuerda a una *burnesha*, una de esas albanesas en peligro de extinción que escogieron vivir como hombres (vistiendo como hombres, fumando como hombres, haciendo los trabajos que se asignaban a los hombres) bajo promesa de castidad.

Es domingo, principios de marzo, y los bares de Ribadavia se llenan de familias que pasan el fin de semana en el pueblo, respirando aire limpio y poniéndose las botas a cocido, el contundente plato estrella que es casi religión en toda la provincia las semanas siguientes al carnaval.

A las afueras de la ciudad, el verde radioactivo de los campos contrasta con el gris parduzco de los árboles de hojas caducas y de las vides. La primavera se anuncia en un clima juguetón: el sol sale entre cada chaparrón, y, con él, los arcoíris. A Manuela Vázquez Coto este tiempo caprichoso la inquieta: de la lluvia depende el escenario en el que discurrirá nuestra tarde con las señoras que son, desde hace dos años, objeto de estudio de su tesis doctoral.

Ascendemos por una carretera comarcal entre colinas rocosas y la incógnita meteorológica se despeja; de los chaparrones intermitentes hemos pasado al diluvio universal. Está claro: hoy toca jugar a cubierto. Los dulces hebreos de doña Herminia no serán el único descubrimiento de nuestro viaje.

* * *

Manuela Vázquez Coto es una guía muy especial: no nos enseña edificios antiguos, sino tradiciones casi olvidadas. Manuela es licenciada en Ciencias de la Actividad Física y el Deporte, y durante años estuvo trabajando para sacarse el diploma de estudios avanzados sobre juegos tradicionales en el medio acuático en Galicia. Viró del mar a tierra firme por casualidad; en un congreso conoció a la anciana Saladina, que asistía como embajadora de un juego que ella nunca había oído: *a bugalliña.*

A Manuela le picó la curiosidad y decidió ir a ver jugar ese juego desconocido. Viajó varias veces a Santo Estevo de Nóvoa, el pequeño pueblo cerca de Ribadavia hacia el que ahora conducimos, y ocurrió lo mejor que le puede ocurrir a una investigadora: quiso saber más. «Después de unas cuantas partidas me fui sin enterarme en qué consistía realmente el juego. Eso me inquietó, me interesó mucho. Tenía que aprender a jugar, tenía que conocerlo en profundidad». Manuela quedó tan prendada que decidió dedicarle su tesis doctoral.

Eso ocurrió hace dos años y, desde entonces, las visita con frecuencia. «Es importante ir a menudo para conocer bien la dinámica del juego, pero, sobre todo, para ser parte del grupo», explica. En cada visita, Manuela las observa, las graba en vídeo, toma notas, pero también charla y bromea. «Ahora ellas me dicen que soy una más». Las señoras no acaban de entender qué se le ha perdido a una joven de la costa en esta aldea del interior. No acaban de entender por qué una chica treintañera, aún en edad de merecer, dedica sus domingos a conducir dos horas y media para ver cómo este grupo de viejas echa la partida, como no acaban de entender por qué hace tantas preguntas sobre algo tan cotidiano, tan natural, tan poco misterioso para ellas como la lluvia en invierno.

Pero Manuela es risueña, discreta y amigable. A las señoras no les molesta su presencia, y hasta les saca un poco de la rutina.

El juego es sagrado: da igual que granice o que el sol invite a pasar la tarde en la piscina. Da igual que las hijas y los nietos vengan a visitarlas. Los domingos, a las cinco en punto si es verano y a las cuatro y media en invierno (que los días son más cortos), las señoras se reúnen en torno a un pequeño hoyo, la *burata*, la palabra que más pronunciarán a lo largo de la tarde. En principio, se juega al aire libre. Pero cuando llueve, que en Galicia es a menudo, toca mudarse a la pista cubierta: la planta baja de la casa del párroco, que ellas mismas rehabilitaron para poder jugar. Conviene que el piso sea de tierra, pero se han tenido que resignar al asfalto y al cemento, respectivamente. En la casa, por motivos obvios. En el exterior, porque la alcaldía decidió pavimentar y convertir en aparcamiento el rinconcito en el que jugaban. Desde entonces lo defienden de los coches acordonándolo con macetas y echando una capa de arena sobre el asfalto para que el terreno sea lo más natural posible.

El juego es más que juego: es resistencia. Juegan cada domingo, aunque cada vez son menos y sin relevo generacional. Juegan cada domingo, aunque la alcaldía, que no aprecia esta actividad como patrimonio cultural, les plante un aparcamiento en su pista. Negocian también con el párroco, que hizo el amago de cobrarles la factura de la luz por jugar en sus instalaciones cuando llueve. Finalmente, les ha dicho que basta con que echen alguna moneda de más al cepillo en la misa de los domingos.

El juego entre mujeres es resistencia ante el ninguneo social. El agravio entre deporte masculino y femenino se traslada también al ámbito de los juegos tradicionales. Los que practican los hombres son ampliamente documentados, pero, en cambio, apenas existen publicaciones sobre los practicados por mujeres adultas. «Tengo dudas sobre si es que realmente no existen o si, por el contrario, existieron y aún siguen existiendo, pero desgraciadamente no están recogidos», dice la investigadora. Y, con el peso que le da haber descubierto *a bugalliña*, que sobrevive a duras penas por transmisión oral, se contesta a sí misma: «El androcentrismo hace mella. Oculta a las mujeres, las excluye de la sociedad, de su propia comunidad».

Ese androcentrismo es un obstáculo añadido en una sociedad que, según Manuela, no valora lo suficiente su patrimonio lúdico. La investigadora no percibe voluntad política de reconocer los juegos tradicionales como patrimonio cultural, y echa en falta que se den a conocer en los colegios e institutos. Pero lo que más lamenta es que ni siquiera en la Facultad de Ciencias de la Educación Física y el Deporte existían asignaturas sobre juegos y deportes tradicionales. «Si no se los transmitimos a las nuevas generaciones acabarán por desaparecer y, por lo tanto, perderemos nuestras raíces motrices».

«Hasta el momento no conocía ningún juego tradicional practicado exclusivamente por mujeres adultas en Galicia», explica Manuela. Todas las publicaciones sobre lúdica popular gallega versaban sobre juegos infantiles (jugados por niños y niñas) o sobre juegos de adultos masculinos.

En su trabajo como investigadora, Manuela ha conocido otros juegos tradicionales practicados únicamente por mujeres adultas, como las *birllas* en Campo (Huesca) o un juego de bolos en la comarca de la Riojilla Burgalesa. También ha encontrado otras referencias de juegos de bolos practicados por mujeres en Asturias, Castilla y León y Cataluña. «Todos son, al fin y al cabo, modalidades de bolos, de birlos; sin embargo, *a bugalliña* es una práctica que nada tiene que ver, es distinta», explica con pasión.

Además, a Manuela le intrigó no encontrar nada similar ni fuera ni dentro de Galicia. Este divertimento estuvo arraigado solo en la comarca do Ribeiro de Ourense y ahora ya solo se practica en Santo Estevo. En Ribadavia se dejó de jugar. Doña Herminia, la mujer de los dulces hebreos, recuerda haberlo visto jugar cuando ella era pequeña, según le contó a Manuela. En otro pueblo muy próximo a Ribadavia, Francelos, la investigadora supo de otro juego con un nombre casi idéntico: *o bugalliño*. Pero pronto constató que las diferencias eran notables. Ambos se juegan por mujeres adultas, pero en *o bugalliño* las bolas son más grandes y las reglas más sencillas; no eclipsó, ni de lejos, la fascinación que le provocó el juego que le descubrió Saladina.

* * *

Es la primera vez que Manuela lleva compañía y Saladina nos saluda afable, como buena anfitriona. No mide más de 1,65 metros, pero parece más alta. Tiene las piernas largas y un porte robusto y atlético para su edad, que desvela un rostro marcado por millones de arrugas, sobre todo en las mejillas y el contorno de los labios. Va preparada para el frío: un forro polar encima del otro, pantalones de felpa (dudo si son de chándal o de pijama) y esos zapatos cómodos de ante y cordones que en mi adolescencia se conocían como «pisamierdas». El pelo dorado, iluminado con mechas y moldeado, indica una visita reciente a la peluquería. Entramos las tres en la pista cubierta. No hace frío porque Saladina vino hace horas a encender la estufa alcalina.

Dentro, Manuela nos señala en el suelo la *burata* y las bolas que hay que lograr encajar en ella. Son dos piezas ovaladas del tamaño de una bellota gorda. De hecho, sus orígenes tienen mucho que ver con los *carballos*, los robles. No se jugaba con bellotas sino con *bugallos*, esos tumores que les salen a los robles por la actividad parasitaria de los insectos y que en castellano se conocen como agallas. Manuela cree que de ahí viene el nombre *a bugalliña*. Ahora usan esas bolas de madera que les hace un carpintero.

Entran dos mujeres, madre e hija, las dos con pelo corto. Ermitas tiene 80 años (pelo cano, abrigo negro) y habla en gallego. Yoli rondará los 50, habla castellano y se nota que viene de la ciudad: zapatos vintage azules, flequillo largo estiloso. Manuela se anima a entrenar con ella mientras llegan el resto de jugadoras. Saladina y Ermitas las aconsejan. Así se aprende, por observación, imitación y siguiendo el consejo de las ancianas.

De entrada, el juego no parece tener mucho misterio. Simplificando, es una mezcla entre petanca y canicas. Las mujeres se dividen en dos equipos y juegan en turnos por parejas de contrincantes. Sale una, lanza la *bugalliña* desde la pared del fondo con el objetivo de encajarla en la *burata*, que está en el tercer cuadrante (imaginario) del recinto. Si acierta, vuelve a jugar. Si falla, le toca a la del otro equipo, que puede elegir entre apuntar ella también a la *burata* o intentar golpear la bola de su contrincante.

«*¡Arrima a uña máis á bola, Manoli! ¡Dálle máis forza!*», aconseja Saladina a Manuela. «*¡Xa botache mal!*», regaña. Las mayores son maestras severas. Es un juego de destreza, puntería y precisión. Desde la pared toca aplicar ese eslogan publicitario: la potencia sin control no sirve de nada. Cuando la bola merodea el hoyo, hay que esmerarse en las distancias cortas:

la golpean suavemente haciendo palanca con la yema del dedo índice y la uña del dedo gordo.

El reloj marca las cuatro y media pasadas y el banquillo, una viga de madera posada sobre bloques de ladrillo y piedra, se llena de jugadoras. La media de edad supera los 70 años. Hay revuelo para formar equipos, andan perezosas. Ya se sabe quiénes son más diestras y quiénes más torponas. La situación recuerda al mal trago en el cole cuando rezas por no ser la última en ser elegida. Pero ellas ya están mayores para decepciones, se hacen las locas hasta que alguna se pone resolutiva: «*¿Enton con quen vou? ¿Josefa, Saladina i eu?*».

Saladina camina con paso firme a la pared, se dobla grácil, lanza y la mete a la primera. En la pizarra, Manuela anota dieciséis puntos. Le costó lo suyo comprender el sistema de puntuación. «Es un juego muy original y complejo, no a nivel motriz, sino porque sus reglas son únicas», resalta, y en seguida lo comprobamos. Los tantos varían en función del tipo de jugada. Si se anota tanto desde la pared, como en este caso, son cuatro puntos. Si se encaja la *bugalliña* en la *burata* desde cerca, es un punto. Si se golpea la bola del otro equipo a media distancia, son dos puntos. Pero hay reglas caprichosas para complicar el asunto. Si Saladina ha hecho cuatro puntos, ¿por qué Manuela anota dieciséis? Porque cada equipo no arranca de cero, sino de doce. Doce más cuatro, dieciséis.

Falla Saladina y le toca a la cabeza del otro equipo. Tita (pelo corto cobrizo, ojos azules, mejillas sonrosadas, nariz ancha, cuerpo robusto y gran delantera) se estrena con el vigor y el porte de una lanzadora de martillo rusa.

Cuando hay que lanzar desde lejos, algunas adoptan la postura de los bolos, con una pierna atrasada y el peso sobre la de delante. Otras abren las dos piernas en paralelo y ligeramente flexionadas, con el culo en pompa, como una jirafa haciendo una reverencia.

Cuesta arrancar y muchas se deshacen en quejas y excusas. La más socorrida es echarle la culpa al suelo de cemento. La bola a veces traza curvas imprevistas por el piso granulado. «*Vou a ter que graduarme as gafas*», se recrimina Josefa, que no ha empezado muy fina. Con su melenita rubia ceniza, silueta de formas redondeadas, raya verde en los ojos y las uñas pintadas de blanco, es una de las jugadoras más dicharacheras y pizpiretas. Consigue dar a la bola de la rival, la cara se le ilumina y lo celebra con una voz cantarina: «¡¡¡Sí!!!».

Una señora de pelo rojo encendido, piel aceituna y gesto de hombros encogidos, que hasta ahora no se ha hecho notar, se estrena marcando cuatro puntos: «*Ai, la virgen, ¡así ao tonto!*», se sorprenden las rivales. Manoli, que así se llama, falla la siguiente y jura de carrerilla, borrando la primera impresión de mujer anodina: «*¡Me cajo na merda que fixo! ¡Carallo!*».

Ya han entrado en calor, ya todas han jugado, salvo una señora de melenita castaña de raya en medio y horquillas, gafotas de pasta y pañuelo al cuello que observará toda la tarde sin decir ni mú. Esto empieza a parecerse a un partido de fútbol, por el nivel de exabruptos. «*¡Dálle pa' diante, pallasa! ¡Joder, machiña!*», farfulla Ermitas con su rictus malhumorado.

El juego es alegre catarsis: ríen, gritan, canturrean, maldicen, pero casi nunca se enfadan. Les gusta ganar, pero no es lo más importante. Las enrevesadas reglas del juego están pensadas para alargar las partidas. Gana el equipo que alcanza los 24 puntos, pero tienen que ser 24, ni uno más. Si te pasas, tu contador de tiza vuelve a marcar 12. Hay más: cuando llevas 22 puntos se te suma automáticamente uno. «*Vinte e dúas, que velen a ser vinte e tres*». De esa manera, la única manera de ganar es hacer una jugada que valga un solo punto: meter la bola en la *burata* desde cerca. Apuestan cinco céntimos por partida y no parece que lleven mucha cuenta de cuál de los equipos atesora más monedas.

El juego es gimnasia para el cuerpo —algunas musitan un «¡*Ai*!» quejumbroso y se llevan la mano a los riñones cada vez que se doblan y se incorporan— y para la mente. Hay que sumar tantos, pensar estrategias, anticipar el recorrido que trazará la bola según la fuerza y la dirección que imprima el dedo.

«El deporte aporta libertad de movimiento corporal, estimula el abandono del espacio privado doméstico y facilita las relaciones personales y sociales. En definitiva, empodera a las mujeres». Lo dice Matilde Fontecha, profesora de Educación Física y su Didáctica en la Universidad del País Vasco[1]. «Las mujeres practican menos deporte que los hombres —expone— porque la actividad física está relacionada con dos antiguas prohibiciones sobre sus cuerpos: la libertad de movimiento y el derecho al placer». Saladina y sus amigas las transgreden cada domingo. Salen de casa, mueven el cuerpo serrano y se lo pasan pipa.

Son mujeres de piel curtida por el trabajo en el campo y manos recias que han cavado, sembrado, fregado durante medio siglo. Imagino que han tenido vidas duras y agotadoras, como las mujeres de su generación, nacidas en la posguerra. Como mi abuela, también gallega, que empezó a transportar agua sobre la cabeza y a lavar la ropa en el río desde muy niña. Pero mi abuela emigró a Barakaldo, pasó de ser una campesina a un ama de casa urbana que no tiene compañeras de juego. Estas mujeres de Ourense desprenden una vitalidad y un humor contagioso. No sé si *a bugalliña* es

[1] El artículo, publicado en *Pikara Magazine*, se llama «Deporte y feminismo: una relación difícil».

causa o consecuencia: si el juego las mantiene en buena forma física y mental o si solo juegan las que conservan la buena forma física y mental.

Sigue Matilde Fontecha: «Una mujer que desarrolla las capacidades del movimiento —la coordinación, la orientación espacio-temporal, el equilibrio, la estructuración del esquema corporal, el conocimiento y control del propio cuerpo, la fuerza y resistencia musculares, la resistencia cardiorrespiratoria, la velocidad, la flexibilidad y la agilidad— es una persona más competente para cualquier situación vital».

Llevamos más de 90 minutos de juego, pero en este no hay descanso. Josefa está en racha y presume de agilidad y flexibilidad adoptando las posturitas de una adolescente jugando al Twister, ese juego inventado para disfrutar del enredo de los cuerpos: mano derecha en el círculo amarillo, pierna izquierda en el círculo verde. Masca chicle, se prepara para un cañonazo desde la pared y fanfarronea: «*Cuidado, Ermitas, que che vou arrincar un dedo*». Acierta y, eufórica, toca unas castañuelas imaginarias. En el banquillo, Manoli comenta las jugadas, palmea las rodillas, se emociona tanto que le entra el hipo.

«¿A la bola o a la *burata*?». Yoli, con su inseguridad de aprendiz, pide consejo a cada jugada y Saladina asesora con gestos amplios de entrenadora: «*Tes que ir á bola, que che queda máis cerca que a burata. Por este ladiño, Yoli. Máis, máis, máis, quería un pouquiño máis, pero bueno*». «*¡¡¡Vai, vai, vai!!!*», anima el banquillo. «Ooooh…». No ha entrado. La concentración es máxima, pero Josefa prefiere el despiporre: «*Que silencia, pasou un ángel*», dice con sorna para reavivar el cachondeo. La bola le ha quedado muy pegada a la pared, pero la jugadora se desliza con desparpajo y responde sin complejos cuando alguna la provoca diciendo que le estorba el trasero: «*Eu sempre apoio o pompis, sempre poño o cú arrimado*».

En el clímax de la tarde, cada vez sueltan más improperios y desvaríos. Amagan canturreos: «*Ai, señor, que será de nós*». Y letanías: «*Ora pro nobis*». «*¡Corre, tonta de merda!*», la toma Ermitas con su bola insurrecta. Como anotar no es lo suyo, se dedica a despistar a las adversarias, gritando: «*¡Forte, forte, forte!*», para distraerlas de un tiro que requiere de suavidad y precisión.

Son las seis de la tarde pero no hay descanso. Saladina, siempre serena y concentrada, pela una mandarina y ofrece un espectáculo a lo Pepe Viyuela: se le caen las mondaduras al suelo y cada vez que intenta recoger una se le escapa otra. «Pareces Pulgarcito», bromean las demás. Pero se resiste a hacer pausas: lanza a la *burata* con la diestra mientras arranca gajos con la zurda.

Manuela les ha traído una caja de bombones. Protestan. Que no hace falta, que no tienes que andar gastando, que eres una más, no tienes ni que avisar de que vienes… Ermitas ofrece la caja y, cuando varias rechazan los bombones de chocolate con leche, saca una curiosa vena cómica: «*Xa vexo que os negros están de moda, que pena que en Galicia haxa poucos e os poucos que hai están comprometidos ou son os da venta ambulante*». No descansan pero cada vez intercalan más conversaciones cotidianas. Que la carretera de Vigo está cortada. Que dentro de esta casita de la ermita no hay cobertura. Que Saladina y Ermitas ya han cumplido 80 años y mira lo estupendas que están. «*Xa somos vacas vellas*», lamenta la segunda. «*Non*, ¡oh! ¡Somos terneras!», replican las que rondan los 70. Y la ocurrencia les lleva a otro tema de conversación: ¿seguro que la carne con denominación de origen es gallega? Probablemente la traen de Portugal, que es más barata.

«El juego aporta, además de movimiento, la posibilidad de socializar», destaca Manuela. Te encuentras con tus iguales para pasar un rato distendido, aparcas tus preocupaciones y te concentras en disfrutar del juego. Pero, además, los espacios recreativos dan la oportunidad de tratar temas de la propia comunidad: «Ponen sobre la mesa asuntos políticos de la zona, reúnen fuerzas y ganas para reclamar mejoras en el pueblo, como el alumbrado público, el abastecimiento de agua o la recogida de la basura», añade.

Manuela no se ha sentado en toda la tarde. Recorre la sala para observar las jugadas de cerca y anota los tantos en la pizarra. Son las siete y media, empieza a haber bajas. Algunas jugadoras se retiran para ir a preparar la cena y otras se apoltronan en el banquillo. Se rompen los equipos, ya solo quedan tres jugadoras: Saladina, Josefa y Ermitas. Borran la pizarra y apuntan esos tres nombres en tres columnas. Manuela no da crédito; lleva dos años viéndolas jugar y siempre la sorprenden, siempre introducen alguna variante que la desconcierta. Nunca las había visto jugar así, tres contrincantes compitiendo entre sí. Como Saladina ya lleva veinte puntos, Josefa la sigue de cerca y Ermitas, que no lleva ni un tanto, tiene tentaciones de tirar la toalla. Explican una norma (no sabemos si improvisada): aparcan a la campeona para que Ermitas, jugando solo contra Josefa, pueda remontar un poco.

En toda la tarde solo una señora (además de la mudita de la raya en medio) se ha asomado a ver el juego un rato. Los hombres no parecen sentir ni curiosidad. Prefieren el bar. «*Eso son xogos de mulleres*», replican cuando Manuela les pregunta. En Francelos, el pueblo en el que se jugaba a *o bugalliño*, Manuela entrevistó a una anciana jugadora y le preguntó si nunca hubo ningún hombre que quisiera unirse a echar unos tiros. «Mmm… Hubo uno, una vez… Era uno de esos… ¿Cómo les llaman ahora? ¡Un mariquitilla!», contestó.

Ya son las ocho, hora de finiquitar el juego. Nos preguntan de dónde somos, si hemos entendido algo de su gallego cerrado, les cuento que mi familia es de Boiro (en la ría de Arousa, el pueblo vecino al de Manuela, Rianxo), preguntan cómo regresamos a «las Vascongadas» (!) y cuántas horas se tarda. Nos cuentan que en el pueblo ya solo quedan tres niños y niñas. Es una aldea envejecida de edad pero joven de espíritu. Nos señalan la minicadena y la mesa plegable que guardan en la casita de la ermita, para hacer comidas populares y bailes en la plaza cuando el tiempo invita a ello. Lo pasan bien, dicen.

Yoli es la única aprendiz de *a bugalliña*, la única de las hijas del grupo de Saladina a la que le apetece pasar la tarde de domingo practicando con la *burata*. Pero no es lo mismo ser del pueblo que ir de visita algún festivo y animarse a lanzar la bola. Saben que el juego se perderá con ellas.

Preguntan a Manuela cuándo volverá. Pronto. Todavía le queda rato para terminar la tesis.

—¿Y cuando la termines?, ¿seguirás viniendo?— le pregunto ya en el coche.

—Yo creo que sí. Nos hemos cogido mucho cariño. Un día llegué y me dijeron que una de ellas había muerto. Me dio un dolor de corazón… Ese día se pusieron a filosofar, sus conversaciones fueron muy existenciales. Y me dijeron: «*Igual un día vés e xa non quedamos ningunha*».

6

TODO ES UNA BOLA

27

—Mi familia me repite constantemente: «Qué guapa serías si estuvieras más delgada».

Yoli sonríe irónica al recordar la frase, pero, si te fijas bien, verás que sus ojos verdes arden de rabia acumulada. A sus 42 años, Yoli no pierde el tiempo con la autocompasión. Es feliz, hoy está especialmente feliz. La escuchan, cómplices y exultantes, otras cuatro gordas sin domesticar[1]. Saben que el problema no lo tienen ellas, sino las miradas inquisidoras de quienes no soportan la visión de sus cuerpos excesivos. Estas cinco rebeldes se abren paso por las calles de un Bilbao tomado por familias y cuadrillas rojiblancas que abarrotan, zurito y pintxo en mano, las calles peatonales del Casco Viejo. Un grupo de músicos recorre la calle Ronda tocando la alboka y el pandero. En cada bar ondea la bandera del Athletic. Es domingo, día de fútbol; día de derbi. Es domingo, y hoy estas cinco mujeres fundarán el colectivo Ramonak.

[1] Banda sonora imprescindible para leer este capítulo: *Gorda*, de Krudas Cubensi (búscala en YouTube).

¿Qué es Ramonak? Una comunidad virtual hecha carne.

Esta reunión es la última pieza de una cadena que nació hace tiempo, cuando Itsaso abrió una página de Facebook, *Lodifobiarik ez!*, inspirada en el foro *Stop Gordofobia*. Se puso en contacto con otras feministas gordas con las que había coincidido en charlas sobre diversidad corporal, y hoy es la primera vez que se juntan todas, con el pretexto de responder a una entrevista para un medio digital[2]: Yoli, Liz y las gasteiztarras Garazi y Bea. Completa el grupo Iraultza, el hijo de Liz, al que columpian mientras esperan a esta periodista infiltrada y tardona.

¿No os pasa que…?

Esa será la frase más repetida. Están ávidas por compartir los sinsabores y las alegrías de ser gordas. Algo tímidas y expectantes, las futuras Ramonak llegan al Triángulo, punto neurálgico del poteo bilbaíno, se apalancan en la terraza del Bizitza, antro de referencia para la comunidad feminista y LGTB, y empiezan desde el principio: «¿Tú desde cuándo eres gorda?».

Itsaso —melena rubia lisa, labios rojos y cejas muy depiladas— rompe el hielo:

—Yo antes no era gorda, yo era monitora de aerobic. Hasta que me fui a Estados Unidos y empecé a comer como una bestia parda. Me fui pesando 63 kilos y hasta hace poco pesaba 110. Ahora peso 88 porque ¡ya no tengo tiempo para comer!

Paradojas de la vida: ahora que esta profesora de inglés de 31 años sale en los medios de comunicación reivindicándose como gorda orgullosa, ha adelgazado de golpe. Las razones:

[2] Los medios son *Klitto!* y *Topatu*. Hicieron un especial multimedia en euskera que se puede consultar en este enlace: http://www.klitto.com/lodifobia/

el estresante trajín laboral de las sustituciones por institutos de toda Bizkaia y las caminatas diarias que se pega desde que ha adoptado a dos perras schnauzer hiperactivas.

Otra paradoja: su familia estaba tan obsesionada con la gordura que ella respondía atiborrándose. «Mi madre y mi padre son prácticamente vigoréxicos, comen completamente sano, ni sal ni grasa ni nada. Yo salía a la calle y mi obsesión era comer: kétchup, patatas fritas, comida calórica… Así que, cuando me fui de casa de mis padres, me hice gorda porque lo tenía dentro de mí o algo, necesitaba comer esas cosas», cuenta con su locuacidad tendente a la hipérbole.

—En tu caso no se cumple que el problema fuera la educación en tu casa —concluye Liz mientras intenta alejar de los vasos la manita inquieta de su hijo.

—Al contrario, reaccioné ante la represión y la imposición de tener que hacer deporte. Yo era monitora porque mi madre me apuntó a un cursillo, iba al monte por ellos…

Iraultza ha tirado la cerveza. La conversación se interrumpe momentáneamente mientras limpian la mesa y pedimos otra. Y entonces Yoli toma el relevo.

—Hay mucho de genética. En mi familia paterna todo el mundo es obeso. No se salva absolutamente nadie. Tengo dos tías con reducción de estómago; mi padre, mi hermana y yo tenemos sobrepeso… Luego tu vida es sedentaria, con lo cual todo es una bola. Yo soy una bola y todo lo que me rodea es una bola. [Risas] Yo trabajo ocho horas de pie como una cabrona y lo que no me apetece cuando llego a casa es ponerme a andar una hora y media. Bastante me cuesta mover este pedazo de cuerpo. Siempre he sido gorda, siempre.

Garazi, la más joven del grupo (21 años) —pelo rubio corto, ojos claros y gafas de pasta azules—, empezó a engordar en la adolescencia. «Soy de hueso ancho, como dice alguno», cuenta con humor. Bea —treintañera de pelo negro corto, gesto tranquilo y noble— fue una niña delgada y su familia la prefería «bien hermosa». La llevaron adonde una curandera y engordó muy rápido. A los dieciséis años pesaba 100 kilos. A los dieciocho se propuso adelgazar y perdió 30 kilos. «Lo curioso es que, aunque pesase 70 kilos, yo seguía pensando como una gorda, comportándome como una gorda... Y lo que más me molestó fueron los refuerzos positivos del exterior, por parte de colegas y parientes que asocian que estés adelgazando con salud. "¡Qué guapa estás!". Eso me molestaba porque pensaba: "Hostia, la gente me quiere más y le gusto más si me pongo delgada"».

En este punto, todas asienten.

Dice Itsaso:

—A veces pienso: «Qué bien, he adelgazado». ¿Qué bien? ¿Por qué he adelgazado? ¿Por qué tengo ojeras? ¿Qué dice mi madre? ¿Por qué solo me valida por esto?

Dice Liz, mientras ofrece a Iraultza una exuberante teta tatuada que desborda su vestido estampado con helados:

—Mi *aita* me llama mórbida, me lo llama desde que pesaba 80 kilos. Dice que no tengo trabajo por gorda. Debe ser que los tatuajes, el pelo [teñido de verde] o haberme pegado la vida padre unos años no cuentan. Yo, al contrario que Bea, nunca me he comportado como gorda, y eso que lo he sido desde pequeña. Creo que me veo más delgada de lo que soy. Yo sigo intentando comprar ropa en Zara, nunca decaigo. Entro siempre y a veces suena la flauta [todas ríen, saben perfectamente a lo que se refiere]. Mi hermano me dice: «¿Pero a qué vas tu ahí?». «¿Yo? ¡Pues a intentarlo!».

La humillación de las tallas tiene a veces frentes insospechados. Le ocurrió a Itsaso hace tiempo en una fiesta feminista. Las organizadoras regalaban camisetas reivindicativas a las participantes, con una particularidad: Itsaso no cabía en ninguna de ellas. Se quejó y a su alrededor se formó un encendido corrillo de debate entre gordas cabreadas, incluidas Liz y Yoli. Que un gran almacén de moda no tenga tallas para gordas les irrita, pero que no haya tallas para ellas ni siquiera dentro de ese feminismo que se manifiesta con consignas como «La talla 38 me aprieta el chocho», les llenó de entusiasmo reivindicativo.

* * *

Gorda, gorda, gorda, puta gorda.

Cuenta Itsaso que «gorda» sigue siendo un insulto tan fuerte que los chavales del instituto en el que trabaja incluso lo usan así, en femenino, hacia otros chicos: «¡Cállate, gorda!». No les importa que Itsaso esté delante. Misoginia y gordofobia es el combo estrella para humillar. Itsaso confiesa un trauma que afecta a su rol de profesora: le da pánico subirse a una silla en clase. «Se rompe la silla y me muero». No es fácil para una mujer joven y gorda ganarse el respeto de una clase de adolescentes.

Gorda es el primer insulto que escucha Yoli cuando pilla a alguien robando en el supermercado en el que trabaja. Ella les responde con sarcasmo: «Vale, eso ya lo sé. Dime algo nuevo».

«A mí que me llamen gorda, redonda, esfera. A mí que me llamen gorda, soy gorda», canta Krudas Cubensi. «Cuando soy consciente de mi gordura no puede usarse en mi contra», dice la artista y activista estadounidense Nomy Lamm. El primer paso es desactivar el supuesto insulto; el siguiente paso es convertir el estigma en orgullo colectivo. Lo leo y corro a YouTube, con ganas de volverme a emocionar con el vídeo *Me gritaron negra*. Es una grabación en blanco y negro, de los años sesenta o setenta, de la artista peruana Victoria Santa Cruz que recita, con su maravilloso pelo afro y la barbilla muy alta, esa primera vez en la que le gritaron «negra». De pronto, exclama: «¿Y qué? ¡Negra soy!». Y a partir de ese momento, el «¡Negra!» que le grita el coro deja de ser acusación y empieza a sonar a celebración.

Cambia «negra» por «gorda» y funciona. También funciona si lo cambias por «maricón», por «bollera», por «travelo», por «tartaja», por «tullida», por la infinidad de insultos creados para someter a los cuerpos que se desvían de la norma, de lo que se impone como correcto, como bello, como sano. Por eso las activistas gordas abogan por las alianzas con personas trans o con diversidad funcional: la solidaridad entre los cuerpos que se consideran feos, equivocados, monstruosos.

No se trata del cínico «quiérete a ti misma» de revista femenina. Pedir a las gordas que se quieran, plantearlo como un problema de autoestima sin señalar el bombardeo mediático y social que promueve la aversión hacia la gordura, supone responsabilizarlas de una discriminación social comparable al racismo o la homofobia. Se pide a las víctimas que tengan amor propio, en vez de cuestionar a la sociedad que las desprecia y ridiculiza[3]. De ahí que el activismo gordo combine el orgullo colectivo con la denuncia de un sistema que promueve el rechazo a determinados cuerpos.

La activista chilena Constanzx Álvarez Castillo rastrea en su libro *La cerda punk* (nombre que ella adopta también como seudónimo) los orígenes del activismo gordo. Arranca en Es-

[3] Lucrecia Masson lo explica así: «Parece que hubiera un logro personal a celebrar en el haber aprendido a quererse, alcanzado con esfuerzo y a costa de padecimientos que deben quedarse en un terreno individual y en el espacio del silencio. Prefiero pensar que podemos crear colectivamente condiciones de posibilidad donde las existencias corporales, a veces incómodas, no se vivan en soledad. Una vez alguien me dijo: "Mi cuerpo lo que quiere es que lo quieran", y con esta frase entendí muchas cosas».

tados Unidos, en los años setenta: dentro de la efervescencia social contra la guerra de Vietnam, «activistas de la grasa» comen helados en el Central Park de Nueva York mientras queman carteles de la delgadísima modelo del momento, Twiggy. En el mismo periodo, grupos como la NAAFA (Asociación Nacional para la Promoción de la Aceptación de la Gordura, luchan contra la discriminación laboral y escolar hacia las personas gordas. En los setenta se forma el colectivo feminista The Underground Fat, que analiza el poder de la industria médica sobre la vida de las mujeres gordas, llamando a la resistencia y al orgullo.

Las referencias del activismo gordo en España son ya de la segunda década del siglo XXI, en espacios de activismo *queer* como «La muestra marrana» o las jornadas «Se va a armar la gorda». El Facebook de *Stop Gordofobia* se creó en 2013 y ya roza los 50 000 seguidores. Internet ha propiciado la proliferación de comunidades virtuales en las que se celebra la diversidad corporal que se viraliza por las redes sociales en forma de *selfies*, memes y *gifs* animados.

Las activistas contra la gordofobia rebaten las tres premisas que sostienen el rechazo hacia las personas gordas:

La médica: un cuerpo gordo no está sano.

La estética: un cuerpo gordo no es bello.

Y la moral: la gula como pecado capital.

Vamos por partes.

El discurso médico: un cuerpo gordo no está sano

El argumento estrella para despreciar a las personas gordas es culparlas por sus malos hábitos, el sedentarismo y la glotonería, y que, por tanto, no cabe reivindicar un orgullo gordo.

Las activistas gordas responden que el peso y la talla no siempre son reflejo del estado de salud, el estilo de vida o los hábitos alimentarios de las personas. Asumir que un cuerpo gordo está enfermo es un prejuicio.

La Cerda Punk argumenta que el veganismo que practica es una forma de alimentación consciente y meditada, alejada del comportamiento compulsivo que se achaca a las gordas. «Me pregunto, ¿acaso es saludable consumir carne?, ¿acaso es saludable la harina blanca?, ¿acaso es saludable la leche animal?, ¿acaso es saludable subir y bajar de peso sin tener una estabilidad corporal sin importar el talle?, ¿acaso es sano consumir fármacos?…».

En la terraza del Bizitza, entre anécdota y anécdota, las futuras Ramonak repasan el argumentario.

«A mí me gusta mucho algo que dice Magda [Piñeyro, integrante de *Stop Gordofobia*] en sus charlas: nos venden que están muy preocupados por nuestra salud, pero no tienen en cuenta el daño que nos pueden hacer sus comentarios», dice Bea.

Cada gorda es un mundo. A Bea le gusta dedicar tiempo a cocinar (ahora está haciendo un curso de cocina energética) y asocia la comida con el placer. Yoli afirma llevar una dieta equilibrada, aunque su perdición es el pan. «Cuando tengo ansiedad, como. O me tomo Orfidal o me como un bocadillo, prefiero el bocadillo», reconoce Liz. Itsaso, defensora desacomplejada de la comida chatarra, también sostiene que, cuando se siente mal, comer le parece un calmante menos nocivo que otras conductas compulsivas que no generan tanto rechazo social[4].

[4] Caitlin Moran, en su éxito de ventas *Cómo ser mujer*, señala que la gente «se atiborra de comida exactamente por la misma razón por la que beben, fuman, follan sin parar o se drogan». Sin embargo, una relación compulsiva con la comida está más penalizada socialmente que otras adicciones. Atiborrarse a patatas fritas es menos glamuroso

Resuena el discurso de Magda: si quienes se escudan en el argumento de la salud para denostar a las personas gordas fueran sinceros, se preocuparían más por el bienestar emocional. La gordofobia también perjudica seriamente la salud, pero eso a nadie le importa.

Cuenta Liz:

—Cuando me quedé embarazada, mi analítica estaba perfecta, tengo una salud de hierro excepto porque tengo asma. Cuando entró la ginecóloga para realizarme la primera ecografía, su desprecio fue absoluto. Me dijo que ya me podía poner a andar todos los días tres horas porque ponía en riesgo la salud de mi hijo además de mi propia salud, y que pensase en qué educación le iba a dar.

Cuenta Itsaso:

—Mi hermana fue a terapia y adelgazó un montón porque se mató de hambre. Mi madre dijo: «¡Bien, bien! La terapia ha funcionado. Ahora que vaya Itsaso». Fui, porque emocionalmente estaba hecha mierda, y estaba contenta con la terapia, pero seguía gorda. Mi madre dijo que no había funcionado, que había tirado el dinero a la basura. Aunque yo estuviera contenta.

Sigue Itsaso:

—Cuando he tenido novia, mi madre me preguntaba: «¿Qué te dice? ¿No te ayuda?». ¿Ayudarme mis exnovias, que se meten de todo, que fuman porros todas las noches? ¿Qué me estás contando? La gente que me ve gorda no me ayuda, me están haciendo un flaco favor. [Se da cuenta del juego de palabras]. ¡Flaco favor! [Risas].

Cuenta Yoli, de carrerilla:

---

que la cocaína o los ansiolíticos. Y, según Moran, eso hace que, paradójicamente, el juicio social sea mayor. Una persona adicta a las drogas necesita ayuda; una persona adicta a la comida es una gorda irresponsable.

—Ahora que tengo pareja y que la conocen en mi casa, mis parientes dicen: «Tienes que adelgazar, porque a ver si te va a dejar». La gente debería saber que soy gorda y feliz. Solo me preocuparía por motivos de salud. Pero mi único problema es el machaque que he vivido toda mi vida. Yo soy feliz siendo gorda, no me importa ir a comprarme tallas grandes. El problema es la gente que me mira y piensa: «¿Dónde va la gorda?». No me importa subirme a un ascensor, el problema lo tengo cuando dos personas más van a subir, se miran y noto que están pensando: «Igual el ascensor no sube». Eso, 365 días al año, 24 horas al día, es agotador.

A Yoli le gusta hacer ejercicio para sentirse bien, pero no le parece que esa sociedad tan preocupada por su salud se lo ponga fácil.

—Si montas en bicicleta, todo el mundo mira a la gorda: «Mira, una gorda en bicicleta». ¿Y habéis probado a ir a un gimnasio público?

Todas ríen con complicidad, salvo Liz:

—Yo no, ¿qué ocurre?

Yoli adopta tono de monologuista del *Club de la comedia* y recrea la escena gesticulando y repitiendo cada frase para enfatizarla:

—Todos los días: qué guay, venga, va, voy a entrar. Atención: la gorda está entrando por la puerta. Todo el mundo se piensa que vas a perder peso, todo el mundo. No voy a adelgazar, voy a hacer bici, a sentirme bien, a pasar el rato, lo que me dé la gana. Y luego, ve a las duchas de un gimnasio público.

—Yo creo que la gente tiene envidia de una gorda que vive feliz —replica Garazi.

—La gordofobia es un poco eso —asiente Itsaso—. «¿Qué? Que yo me mato en el gimnasio, que como arroz integral, ¿y tú estás contenta así? ¿Pero de qué vas? Pues ya te jodo yo».

La estética: cuerpo bello igual a cuerpo delgado

A la *Afrodita agachada* (250 a. C.) se le marcan las lorzas. Si la *Venus de Milo* (130-100 a. C.) viviera hoy, probablemente le acomplejaría tener las caderas más anchas que la espalda, probablemente fantasease con unos implantes de silicona para poder lucir canalillo. En la escultura griega clásica, los héroes y los dioses están cachas: tienen espalda ancha, bíceps marcados, pectorales definidos, piernas largas, tableta de chocolate y esos sugerentes surcos en las ingles que anhelan tener los chicos que se apuntan al gimnasio. Podrían ser tronistas de *Mujeres y hombres y viceversa*. El *David*, de Miguel Ángel (s. XVI), está cañón. Nos sorprende que las pálidas y celulíticas *Tres Gracias*, de Rubens, reflejen el canon de belleza de la época (s. XVII); Paris y Hermes, sin embargo, seguirían siendo considerados unos hombretones agraciados.

María Félix, comunicadora social y activista gorda nicaragüense, explica[5] que los cánones de belleza son dictados por el poder, determinados por sistemas de opresión como el género y la raza. De ahí que el estereotipo de cuerpo femenino deseable haya variado tanto en la cultura occidental en función del momento histórico; mucho más de lo que ha variado el cuerpo masculino deseable. Las caderas anchas han sido más valoradas en periodos en los que la economía requería de altas tasas de natalidad.

Los cánones de belleza se van imprimiendo en el imaginario colectivo a través del arte o de los medios de comunicación, según la época. Se convierten en modelos de referencia para las mujeres, que desearán parecerse a ellos.

[5] Lo explica en el programa de radio *Cuerpos sin vergüenzas*, que se puede buscar en Internet; el podcast se llama «Nacimos para ser eternamente bellas».

En Centroamérica, la mayoría de las mujeres son mestizas y *chaparritas*: bajitas y redondeadas. Pero las vallas publicitarias que pueblan ciudades y carreteras están protagonizadas por gente muy blanca, rubia incluso, que vende una vida de éxito, con chalé y perro golden retriever (rubio también) incluido. En Nicaragua, todas las empleadas de los bancos llevan tacón alto. ¿Qué quiere decir una oferta de trabajo cuando requiere «buena presencia»? Ser alta o al menos parecerlo, ser femenina y no estar gorda. El modelo de belleza hegemónico se impone desde los países del norte y borra la diversidad de etnias. No es casualidad que las activistas contra la gordofobia más visibles en el mundo hispanohablante sean latinoamericanas.

«Esa lógica de un cuerpo único te niega. Yo tengo un cuerpo muy parecido al de mi mamá. Si yo renegara de mi cuerpo, estaría negando el cuerpo de mi mamá, de mi abuela, de mis ancestras, y me estaría negando a mí misma», exclama María Félix.

En Nicaragua, como en Chile, como en Bilbao, impera la asociación entre belleza y éxito social. Cuando eres mujer, el éxito social se relaciona con el modelo de la *superwoman*, esa que es al mismo tiempo buena profesional, buena madre y esposa. «Estar centradas en cómo tenemos que vernos supone una inversión económica, de nuestro tiempo y de nuestra mente. Esa inversión es una forma de desactivarnos socialmente», sostiene la nicaragüense[6].

[6] Ya lo decía Naomi Wolf en sus ensayos sobre trastornos alimentarios: «El sometimiento a regímenes alimenticios es el sedante político más potente de la historia de las mujeres: una población silenciosamente trastornada es una población muy fácil de manejar». La preocupación por el peso provoca «un colapso virtual de la autoestima» y la restricción calórica conduce a una personalidad caracterizada por «pasividad, ansiedad y cambios emocionales bruscos». Los desórdenes alimentarios generan neurosis y la sensación de pérdida de control.

Habrá quien piense que la que se pone a dieta es porque quiere, que la que se pone tacones es porque quiere, que la que demanda cirugía estética es porque quiere. La pregunta es por qué tantas mujeres deciden incorporar a su vida prácticas que atentan contra su salud o contra su libertad de movimiento, por qué tantas sienten que necesitan usar tantos complementos (tacones, sujetadores con relleno…) o aplicarse tantos productos (cremas anticelulíticas y de contorno de ojos, maquillaje…) para aceptar mínimamente la imagen que les devuelve el espejo.

Las mujeres, responde La Cerda Punk, han aprendido desde pequeñas que su cuerpo está expuesto al juicio público como en una vitrina, que la gente tiene derecho a opinar sobre su aspecto cuando le dé la gana: «Desde chiquititas el imaginario heterosexual nos enseña que debemos ser hermosas, delgadas, deseables para los hombres y, claro, esto no es posible si eres gorda o si sobrepasamos lo que la sociedad establece como lo ideal de ser en un cuerpo»[7].

A esta presión se unen los intereses capitalistas: la baja autoestima de las mujeres mueve mucho dinero. En tiempos de supuesta autonomía económica y personal de las mujeres, industrias como la moda, la cosmética, la dietética o la cirugía estética sacan beneficio de ese modelo inalcanzable de belleza.

Cuando va en el bus o en el metro, Yoli se siente mal por desbordar su asiento, le preocupa invadir el espacio de quien

[7] Su discurso remite al sociólogo Pierre Bourdieu, cuando se refiere a la violencia simbólica para explicar por qué el individuo toma, sin coacción directa, decisiones que atentan contra sus propios intereses (el ejemplo más típico: ese obrero que vota a un partido neoliberal cuyas políticas recortan los derechos de la clase trabajadora). Dice Bourdieu en *La dominación masculina*: «Al confinar a las mujeres al estatus de objetos simbólicos que siempre serán mirados y percibidos por el otro, la dominación masculina las coloca en un estado de inseguridad constante. Tienen que luchar sin cesar por resultar atractivas, bellas y siempre disponibles».

viaja a su lado. En cambio, a tantos y tantos hombres, gordos o no, que viajan con las piernas abiertas de par en par, no parece darles apuro que la persona de al lado tenga que replegarse o entrar en una lucha silenciosa, rodilla contra rodilla, para intentar que se den cuenta de su molesto «espatarre»[8]. Las activistas gordas, feministas todas, sostienen que el patriarcado prefiere que el cuerpo de las mujeres sea pequeño, que ocupe la menor cantidad de espacio posible, porque el espacio público está reservado al varón. La mujer deseable ocupa poco espacio y necesita poca tela para vestirse. El tallaje de la ropa funciona como un sistema de avisos[9]. Si te pasas de la 40, empezarás a tener problemas para encontrar pantalones en las tiendas de ropa más populares (y baratas). Si te pasas de la 44, tendrás que asumir que no hay ropa para ti en las tiendas «normales». «El harén de las mujeres de Occidente es la talla 38», afirmó la escritora marroquí Fatema Mernissi cuando fue a comprarse una falda a una tienda de Nueva York y le dijeron que no había tallaje para ella, que se fuera a una tienda de tallas especiales[10].

Ir de compras es un infierno. A Garazi le trae malos recuerdos, de cuando era niña y su madre terminaba culpándola

[8] *Manspreading*, lo llaman en inglés. Una práctica habitual entre las ciberfeministas es tomar fotos disimuladamente con el móvil para mostrar la habitual escena de un hombre abierto de piernas sentado junto a una mujer con las piernas muy cerradas, arrinconada contra la ventana. En el metro de Nueva York y de Seattle han lanzado campañas para que los hombres no invadan más de un asiento, con lemas como: «*Dude…, stop the spread, please!*» («¡Amigo, deja de extenderte, por favor!»).

[9] No es el único sistema de avisos; la bici estática de Liz advierte que aguanta máximo 120 kilos, y Yoli añade que las básculas analógicas no pasan de los 130 kilos.

[10] «A diferencia del hombre musulmán, que establece su dominación por medio del uso del espacio (excluyendo a la mujer de la arena pública), el occidental manipula el tiempo y la luz. Este último afirma que una mujer es bella solo cuando aparenta tener catorce años. (…) Fijarla [esa imagen de niña] en la iconografía como ideal de belleza condena a la mujer madura a la invisibilidad». Mernissi concluye que esas actitudes son «más peligrosas y taimadas que las musulmanas», porque «el tiempo es menos visible, más fluido que el espacio».

por no caber en la ropa que se probaba: «Joe, chica, a ver si para la siguiente entras en la 40».

—Además, la ropa de gorda es fea —sentencia.

Dice Yoli:

—La ropa de gordas a mí no me vale, dan por hecho que usas una 120 de sujetador y no es mi caso, tengo poco pecho así que yo no me puedo comprar camisas. ¿Qué opción me queda? La de premamá.

Salta Itsaso, que también tiene poco pecho:

—Premamá es la hostia.

No todas han probado esa opción así que Yoli explica las ventajas: es ropa de mejor calidad que la de tallas grandes, tiene goma, las camisas tienen pinzas delante y detrás. Y, sobre todo, es ropa bonita, «porque una mujer puede estar embarazada e ir guapa, una gorda no puede ir guapa», ironiza.

Las grandes aliadas de Itsaso son las mallas:

—En cuanto engordé dejé de usar pantalones, igual eso me ayudó a no sentirme tan gorda. Porque cuando usas pantalón es: «Joder, otra talla más, otra más, ya no me quedan tallas». Pero con la ropa elástica no hay peligro porque siempre vas a caber. Las mallas también previenen las rozaduras en verano. La gente me pregunta cuando me ven con falda y *leggins*: «¿Qué pasa, es porque tienes complejo?». ¡No, es que me rozan las piernas!

Garazi y Bea prefieren la ropa holgada y deportiva. Hoy las dos llevan sudaderas y vaqueros. En el otro extremo, el vestido corto y escotadísimo de Liz, que deja a la vista parte de un sujetador negro con transparencias:

—Yo me veo menos favorecida si me escondo detrás de una ropa holgada con la que no engaño a nadie. Me siento muy cómoda con ropa apretada, me encanta verme exuberante.

Responde Yoli, vestida con camiseta amplia gris y gabardina oscura:

—Tú tienes muchos menos complejos que yo. Yo nunca iría con un vestido, con una malla de rejilla o con ropa ceñida. Me gustaría vestir de amarillo, de azul. Pero tengo que ponerme algo con lo que no se me note que estoy gorda.

—Pero, Yoli, si se te nota igual…

—Ya, pues no puedo…

—Alguno me ha dicho que le recuerdo a las cubanas, que no se esconden —sigue Liz—. Mogollón de chicas gordas van con un saco. Yo no me visto así para decir: «No tengo complejos», sino que no quiero renunciar a tener la imagen que a mí me gusta en una mujer por estar gorda. Me niego, me niego, me he negado siempre.

—Cuando te vi en una foto de Facebook, dije: «¡Yo quiero ser así!». Bueno, no sé si me gustaste o quería ser como tú, o las dos cosas, pero me pareciste fascinante —confiesa Itsaso.

—Gracias —Liz ríe y se sonroja.

Con su pelo verde, su diadema de orejas de gatita, sus grotescos tatuajes (el que cubre todo su pecho parece algo así como un bebé muerto viviente) y el estampado de helados de su vestido, Liz termina reconociendo que la extravagancia también es una estrategia de supervivencia:

—Yo soy introvertida, aunque nadie lo diría, y me tranquiliza mucho hacerme con un disfraz. He llegado a salir al Casco Viejo a tomar algo, aquí al Triángulo, en *topless* con cinta en los pezones y máscara de látex, y todo el mundo flipando. La locura máxima suprema. Y no me daba ninguna vergüenza.

Itsaso se siente identificada. Ella siempre viste de riguroso negro en contraste con su melena rubia; hoy lleva un vestido de lunarcitos blancos. El color lo da el rojo encendido de su lápiz de labios.

—El disfraz es clave, te creas una estética. Yo visto siempre de negro y voy de que soy elegante y enigmática, pero yo igual antes quería vestir con flores y estampados, pero en mi cabeza ya no entra. Me lo he inventado para sobrevivir.

¿No os pasa que…?

Habla Bea:

—No sé si os pasa. Yo me meto cada mañana en la ducha, luego me echo crema y me recreo ante el espejo, me encanta, me veo superguapa, no me veo nada gorda, hasta que me visto. La ropa me marca, me roza, me hace daño.

Para Itsaso, el nudismo es un gran aliado, en la playa se está mucho más a gusto desnuda que embutida en un bañador.

—No me gusta ir a la playa. Si acaso, voy a alguna cala nudista lejos, en Asturias —discrepa Garazi.

—¿No te gusta o no te sientes cómoda? —pregunta Yoli.

—Ya, yo también me lo pregunto.

—Yo estoy cómoda en playas lejanas —cuenta Yoli—. Pero ir aquí a Larrabasterra… Buf. Para empezar, busca un bañador. En mi caso tengo que ir a una corsetería que me va a cobrar unos 100 euros por hacerme un bañador a medida, forrado, que me valga de pecho. No me sirve ningún bañador del Decathlon. Y ahí va la gorda a probarse bañadores a la corsetería. ¡Sal que te veamos! [Risas] Ahora me han dado ropa nueva de trabajo, y de pantalón uso una 5XL de hombre, porque en ropa de chicas no hay suficientes centímetros de tela para mí.

Las revistas de moda y las pasarelas disimulan su gordofobia cediendo algún espacio a las llamadas «gordibuenas», modelos de tallas grandes, guapas y armónicas. Las campañas de la marca de productos de cuidado personal Dove iniciaron esta tendencia, con anuncios protagonizados por mujeres de diferentes tallas que abanderaban un «movimiento por la belleza real». Dove pertenece a Unilever, la misma multinacional que Axe, firma famosa por sus anuncios sexistas. Las futuras Ramonak no aplauden la moda de las «gordibuenas». Liz lo tiene claro:

—Es una estafa porque ves las fotos y están perfectas. Todas con cara de muñeca, un pelo increíble, un retoque bestial... Ni estrías, ni piel colgando, ni marcas de celulitis... Nada. A mí no me jodas, porque no deja de ser una modelo *ultramegarretocada* con unas proporciones más amplias, pero sigue cumpliendo el canon. Una gorda de verdad tiene estrías, las tetas caídas o pequeñas... Esa gorda tampoco me representa.

Todas, al unísono:

—Qué va, ni de coña.

¿No os pasa que...?

Sigue Bea:

—Yo, desde que salí del armario como lesbiana, lo llevo muchísimo mejor. Me siento más cómoda con el sexo y conmigo misma.

A Yoli, curiosamente, ser gorda le facilitó esa otra salida del armario: «Cuando le dije a mi familia "Soy lesbiana", recuerdo el silencio y después una frase que se me quedó taladrada: "Bueno, no importa, lo que tienes que ser es delgada"». Cuando era joven, Yoli creía que no tenía novio porque era gorda y por eso nadie la iba a querer. Luego descubrió que no era eso, sino que le gustan las mujeres y gusta a las mujeres. «En la comunidad lésbica, ¡las mujeres grandes y gordas tenemos un filón!». Reconoce que también ha estado con chicas que se avergonzaban de su gordura, pero aun así también se siente más cómoda en el lesbianismo: «Hay un grupo de mujeres lesbianas que somos así, verme reflejada en ellas es mucho más tranquilizador que intentar verte en un mundo de mujer hetero».

La gordofobia alimenta los prejuicios y abusos machistas. En una búsqueda rápida en Google sobre sexo y gordura encontrarás perlas machistas como que las gordas follan mejor porque se esfuerzan más, pensando que puede ser la última vez[11]. La Cerda Punk cuenta en su libro casos de mujeres gordas que han denunciado haber sido violadas y a las que no se las ha creído, porque ¿quién iba a querer violar a una gorda? También señala otra tendencia: mujeres que engordan después de haber vivido una agresión sexual, como estrategia inconsciente para dejar de ser deseable.

Liz, la única cuya pareja es un hombre, lo entiende:

—Ser gorda y heterosexual es muy difícil. La mirada de la mujer lesbiana es un poco más amplia. Las claves del mercado están muy orientadas al público hetero, porque parece que al hombre blanco heterosexual es algo que no le va a entrar. Y es puta mentira, porque hay público para todo el mundo.

Lo dice con conocimiento de causa. Durante años trabajó en el negocio del sexo, en diversas modalidades, como la webcam.

A Garazi le preocupa que se cree un fetiche erótico en torno a la gordura. «Ese porno que nos venden de las gordas no me gusta nada».

Las webs de porno satisfacen todas las preferencias y fetiches: latinas, maduras, peludas, lesbianas… No suele haber una categoría que anuncie explícitamente a las gordas, aparecen detrás de las siglas BBW: *Big Beautiful Woman*. Mujer grande atractiva. «Ese fetiche existe y tiene mucho mercado, pero cuando te dedicas al sexo de pago se distingue fácil al que tiene el fetiche de la gorda del que tiene una visión de la mujer que nos incluye», matiza Liz[12].

[11] Lo cuenta otra activista gorda, Eloisa, en un post en la revista digital *Proyecto Kahlo*.

[12] El porno empodera cuando una misma se exhibe como quiere. En su libro, *La Cerda Punk* cuenta lo bien que le sentó expresar su sexualidad a través de webcams y después

Si en el porno comercial las gordas son arrinconadas a una sección para fetichistas, en el porno feminista y *queer* hay cineastas como Courtney Trouble que comparten protagonismo con otros cuerpos que no precisan de implantes, liposucciones ni viagras para desear y ser deseados.

—La Cerda Punk decía que las gordas estamos de moda. Yo no pillo ni catarro. Pero sí lo noto, en Internet... Como lo de los trans, que despiertan curiosidad. ¿Cómo será? ¿Cómo se moverá? —señala Itsaso.

«Lo, lo, lo, looooo, ¡Athletic! Lo, lo, lo, lo, ¡Athletic!».

Nos interrumpe una horda de aficionados, una manada estruendosa que ocupa la plaza y nos pone la cabeza como un bombo. La camarera los imita con sorna, pegando botes y golpeándose el pecho. Las futuras Ramonak se preguntan cómo reaccionaría la gente si ellas hicieran tanto ruido. Observo las tripas cerveceras de varios de ellos y pregunto:

—¿Y los hombres gordos?

Yoli dice que el hombre gordo no está mal visto, puede ir con la camisa metida dentro del pantalón marcando tripa, sin acomplejarse ni sentirse juzgado por ello. «Si una chica se empareja y engorda dirán que se ha descuidado; si engorda el hombre, dirán: "Qué bien te cuida, tienes la curva de la felicidad"». Liz y Garazi, en cambio, creen que los jóvenes sí que sienten el peso de un culto al cuerpo cada vez mayor.

—O eres un chaval grandote y abusón, el típico gordo que te mete una mano de hostias en un rincón, o adiós —opina Liz.

---

mediante *performances*. Se lo debe a Annie Sprinkle, la «madre» de la pospornografía, una corriente crítica en la que los cuerpos y las prácticas fuera de la norma se convierten en protagonistas.

Garazi cuenta que su hermano, de 22 años, lleva fatal no estar delgado.

—Le salió una estría y estuvo mirando en Internet cómo operarse. Yo hablo con él, le enseño mis estrías, pero para él es una angustia, tal vez porque no está tan metido en el activismo. En cambio, mi abuela siempre dice que soy una gorda feliz, que engordo de lo que me río.

Son las cuatro de la tarde y aquí nadie ha hablado de comer. Iraultza se revuelve cada vez más sobre su madre, así que aprovecho la ocasión para reprochar a estas gordas la ironía de que me estén matando de hambre:

—Pero bueno, ¿es que no coméis?

La moral: La gula es un pecado capital

En 2015, Pixar lanzó *Inside Out*, una entrañable película de animación sobre inteligencia emocional en la que cada personaje representa una emoción. La tuitera feminista Barbijaputa en seguida tuiteó lo evidente: «Estas son Alegría y Tristeza. Adivinad quién es la gordita y bajita y quién la delgada, alta y guapa». El personaje Tristeza, cuya piel es de color azul, está inspirado en la forma de una lágrima, responden los defensores de esta película. Pero en esas escenas donde la pizpireta y dorada Alegría tiene que arrastrar a su compañera depresiva, la crítica a un estereotipo negativo sobre las mujeres gordas no resulta nada descabellada.

La obesidad se asocia a la vagancia y la infelicidad. Curiosamente, también se utiliza para representar la opulencia —ese señor gordo con sombrero de copa y puro—, a pesar de que, en realidad, la desigualdad y la pobreza alimentan la obesidad. La comida chatarra, a base de grasas saturadas, es más barata, accesible y popular que las verduras y frutas variadas[13]. También se utilizan las analogías animales como insulto: una gorda es una vaca, una ballena, una cerda. De ahí surge el pseudónimo de La Cerda Punk. Otro cliché, aparentemente más positivo, es el de la gorda graciosa[14]. Ocurre lo mismo con los gais: el estereotipo de la loca divertida que alegra cualquier reunión social ha funcionado como estrategia de aceptación social.

El sentido del humor se desarrolla como habilidad contra el rechazo social pero, como todo estereotipo, puede terminar asfixiando. De ahí que las activistas gordas usen el humor pero también la confrontación. En la portada del Facebook de *Stop Gordofobia*, una mujer con cabeza de loba se agarra el coño con una mano, hace un corte de mangas con la otra mano y grita: «¡A la mierda tus estándares fascistas de belleza!». Las gordas pueden ser divertidas, pero tienen muchos motivos para estar cabreadas.

¿Restaurante chino o pizzería? Después de un pequeño tira y afloja, la opción de pizza parece más práctica.

¿No os pasa que…?

Itsaso lleva fatal ponerse de acuerdo para compartir una pizza. No quiere arriesgarse a comer menos de lo que le apetece o a ser juzgada por comer de más. «Me siento como que soy una gorda que quiero toda la comida para mí, pienso que me la van a quitar. ¡Estoy loca! ¿No? ¿No le pasa a nadie más?». Ríen, parece que en esto no se identifican, hasta que Liz se suma a la conversación: «Sí, un poco a mí también me pasa». ¡Bien!

[13] Martín Caparrós lo explica en *El hambre* (ed. Anagrama).

[14] Espero que a mi querido editor no le importe que cuente que, cuando le hablé del capítulo sobre la gordofobia, me respondió: «Imagino algo muy ácido, divertido e irreverente: un corte de mangas desinhibido». El corte de mangas desinhibido es, efectivamente, el principal icono del movimiento contra la gordofobia, pero me llamó la atención que hiciera esa asociación entre gordas y diversión.

Para muchas, comer es a la vez placer y culpa, sobre todo cuando hay gente mirando. Dice Bea:

—Algún día quiero atreverme a comerme un bollo en la calle. Puedo comerme una manzana pero no un dónut relleno de chocolate. Creo que las miradas serían agresivas. Algún día lo haré y os escribiré.

—Si estás comiendo una ensalada, van a pensar: «Mira, la gorda está a dieta»[15] —lamenta Garazi.

Liz escucha ojiplática:

—Hostia, a ver si me voy a ir yo de esta reunión con más complejos de los que tenía, con toda la paranoia. ¿En serio notáis que la gente os mira cuando coméis?

En lo que está de acuerdo es que la gordura se asocia con el vicio y la dejadez: «La gente te ve y piensa: "Qué puta sucia asquerosa". Te visualizan tirada en el sofá con pizza derramada por el cuerpo». Hasta Iraultza ríe.

Las futuras Ramonak repasan otras generalizaciones que sirven para justificar el asco hacia los cuerpos gordos, como el sudor. Aquí también cada gorda es un mundo.

Itsaso:

—Yo sudo todo el rato, siempre tengo calor, siempre quiero estar en tirantes…

Garazi:

—Pues yo siempre tengo frío…

Itsaso:

[15] Las mujeres muy delgadas también señalan ese control social: sentirse observadas cuando comen, escuchar conversaciones a sus espaldas intentando adivinar si son o no anoréxicas, la patologización cuando van al médico, el uso de «anoréxica» como insulto, etc. La discriminación hacia las personas que se salen de la norma por «demasiado» delgadas es muy diferente a la gordofóbica, pero hay elementos en común que propician alianzas. De hecho, es curioso que en una sociedad que estimula tanto la ingesta compulsiva de alimentos como la obsesión por la delgadez y las dietas, tanto las obesas como las anoréxicas estén profundamente estigmatizadas.

—¿Ah, sí? Pues yo pensaba que lo mío era por gorda.

Vuelven a sonar las carcajadas cómplices, liberadoras.

* * *

Juntarse ha sido terapéutico. Hay ganas de más, de debatir, de bailar, de ocupar las plazas, de hacer deporte juntas, de comer dónuts por la calle.

Han pasado un par de meses desde ese primer encuentro en Bilbao, que fue un flechazo colectivo, e Itsaso proclama su amor a los cuatro vientos desde la sección que escribe, con seudónimo, en una revista feminista:

«Creo que esa misma semana, todas admitimos por WhatsApp, entre tímida y orgullosamente, que nos queríamos sin conocernos. ¡¡Parecíamos adolescentes en su primerísima cita!! Nadie contaba con ello, pero, contra todo pronóstico, se dio esa impresionante conexión que te hace sentirte hermanada. Fue la rehostia. Como si nos conociéramos de siempre. Como si lleváramos toda la vida queriéndonos. Y os preguntaréis: "Vale, sí, te has hecho amiga de cuatro gordas… ¿Y qué?". Solo digo que tendréis noticias nuestras. Y que vamos a hacer tanto el ruido y el "ridi-culo" que os van a dar escalofríos de vergüenza ajena por vuestros gordófobos cuerpos».

Escribe La Cerda Punk: «Me encantaría asistir a una reunión de chicas gordas feministas, sin tener esto de la virtualidad de por medio, encontrarnos, abrazarnos, llorar juntas, compartir el dolor para salir más fuertes, más airosas y más preparadas para enfrentarnos al mundo. Sueño con una manada grasosa y de múltiples formas ingobernables».

A caballo entre Bilbao y Gasteiz, ya existe esa manada grasosa ingobernable. Se llama Ramonak.

Breve bibliografía gorda

No quería llenar este capítulo de citas, pero os recomiendo leer más sobre el discurso contra la gordofobia directamente de sus activistas:

Stop gordofobia y las panzas subversas, de Magda Piñeyro (2016, autoeditado).

La cerda punk. Ensayos desde un feminismo gordo, lésbiko, antikapitalista & antiespecista, de Constanzx Álvarez Castillo (2015, autoeditado). Se puede descargar en pdf.

«Un rugido de rumiantes. Apuntes sobre la disidencia corporal desde el activismo gordo», capítulo de Lucrecia Masson en el libro *Transfeminismos. Epistemes, fricciones y flujos* (2013, Txalaparta).

Y sigue en las redes sociales:

Stop Gordofobia.

Lodifobiarik ez (en euskera).

Gorda!zine.

Orgullo Gordo.

7
EL VELO DE YASMÍN

Ya nadie quiere ser cedero en Cuba, nos cuenta el bicitaxista que nos lleva por las calles del casco histórico de Trinidad. Los cederos son los voluntarios de los Comités de Defensa de la Revolución (CDR) que vigilan los barrios; en teoría para evitar atender los problemas de la comunidad y evitar delitos, en la práctica también para husmear en la vida del vecindario[1]. «No es que la gente tenga nada en contra de su país; es solo que la gente quiere vivir», dice el sabio bicitaxista. Y se vive mejor como cuentapropista.

En Matanzas, Yusdel amasa pizza en la cafetería que regenta con su socio. Este joven habanero —30 años, tez canela, pelo rapado al dos, gesto recto, camiseta con escote que

[1] Los CDR se fundaron en 1960 con el objetivo de desplegar en cada cuadra un sistema de vigilancia colectiva que ayudase a frenar ataques contrarrevolucionarios. A medida que el riesgo de invasión estadounidense se relajó, este organismo asumió el papel de resolver los problemas de la comunidad: desde el saneamiento a la atención a personas ancianas desamparadas, pasando por la vigilancia contra el narcotráfico y los robos. En la práctica, los cederos ejercen un control de la vida pública y privada de su vecindario y se les atribuye haber impulsado los actos de repudio contra las personas que señalaban como enemigas de la Revolución.

muestra un torso de bailarín— dejó su trabajo como cirujano en un hospital de la capital para montar su pequeño negocio, en el que gana más dinero que en el quirófano. Su amigo Yoendry —negro prieto[2], bajito, musculado y tímido hasta que se arranca a imitar los gorgoritos del cantante pop de turno: «Es que este amor es azul como el mar azul»— también acaba de renunciar a su puesto de economista para emprender su propia cafetería con sus hermanas en un barrio periférico de la capital cubana. Estamos en 2011 y hace un año el Gobierno aprobó un decreto que estimula la iniciativa privada, hasta entonces proscrita por capitalista. Cada semana florecen mostradores instalados en los bajos de las viviendas, que ofrecen café, jugos, bocaditos y, si hay cocina con capacidad, pizza o cajitas de arroz con frijoles, carne de puerco y viandas.

No es fácil mantener un negocio por cuenta propia en un país bloqueado. La peregrinación habitual para hacer la compra —primero a la bodega a por los productos de la cartilla (arroz, frijoles, aceite y azúcar); luego a las desabastecidas tiendas de moneda nacional que apenas tienen algo de carne, salchichas y ron; después a los mercados agropecuarios a por fruta y verdura y, finalmente, a las *shoppings* para comprar productos importados— se convierte en odisea cuando en vez de un queso necesitas veinte. Por ahora no existe venta al por mayor, salvo en alguna nueva superficie cuyos precios son similares a los de los pequeños mercados. La tortuosa doble moneda[3] implica que hay que comprar en divisas buena parte

[2] En Cuba hay infinidad de apelativos para situar a las personas en la escala racial; negro prieto se aplica a quien tiene la piel muy oscura.

[3] En Cuba funcionan desde principios de los noventa dos monedas. Por una parte, los pesos cubanos, la moneda nacional (CUP), con la que el Estado paga los salarios y cobra los productos y servicios básicos. Por otra parte, las divisas: los pesos convertibles o CUC, que se cotizan con paridad al dólar, y son los que circulan en gasolineras,

de los productos (la harina, por ejemplo) con la que se elaborarán platillos que se venden en moneda nacional, a precios asequibles para el bolsillo del cubano medio: veinte pesos, menos de un dólar, por una cajita o una pizza. Muchas iniciativas quiebran en seis meses, pero hay que intentarlo: a poco que el negocio funcione, es fácil que los beneficios superen los veinte dólares al mes que cobra de media quien trabaja para el Estado, un sueldo que obliga a «inventar»[4].

Otra de las ansiadas medidas aperturistas de Raúl Castro fue eliminar el permiso de salida para viajar al extranjero[5]. A esa clase trabajadora que gana veinte dólares al mes, la medida le suena a broma pesada. «En los diez años que llevo trabajando aquí no he podido ahorrar ni para hacer un viaje dentro de la isla», se queja irritada la trabajadora de una agencia de viajes.

Mientras llega la prometida fibra óptica desde Venezuela que extenderá el uso de Internet[6], la gente recurre a los ciber-

---

establecimientos del sector turístico, y la moneda en la que llegan las remesas del extranjero. Además de ser un dolor de cabeza para la contabilidad del país y de cada familia, la doble moneda empobrece porque en la práctica hay muchos productos importados (por ejemplo, los de higiene y limpieza) que solo se venden en las *shoppings*, las tiendas para turistas, a precios en CUC privativos para quienes cobran un exiguo salario en moneda nacional. En 2013 Raúl Castro anunció una hoja de ruta para terminar con la doble moneda.

[4] Con ese verbo se refieren en Cuba al tedioso reto de sobrevivir día a día improvisando pequeños negocios puntuales, por ejemplo, comprar tabacos o ron a buen precio y vendérselos más caros a un turista, o revender la ropa conseguida mediante familiares en el extranjero.

[5] Se solía pensar que el castrismo mantenía al pueblo enjaulado, bajo la prohibición de salir del país. No era una prohibición directa, sino mediante control y trabas burocráticas: había que solicitar un permiso de salida tras justificar con avales el motivo del viaje. El discurso oficialista señalaba, no sin parte de razón, que el mayor impedimento era que muchos países no daban visado a la gente cubana por considerarla inmigrante potencial.

[6] El Gobierno sostenía que el bloqueo por parte de Estados Unidos impedía habilitar la banda ancha, con lo que justificaba definir sectores con acceso prioritario a Internet vía satélite (instituciones públicas, universidades, hoteles…) en los que se solía limitar el acceso a las redes sociales como Twitter. Conectarse en un hotel costaba mínimo

cafés clandestinos para enterarse de lo que pasa en el mundo y en su propio país. Periódicos y blogs informan sobre dos Cubas antagónicas: la Revolución ejemplar que venden el *Granma* y otros medios oficialistas, frente a la cruenta dictadura que pinta la prensa anticastrista.

Pero en las calles hay otros discursos. La gente no nos habla de castristas y exiliados, de dictadores y contrarrevolucionarios. Se quejan de la doble moneda, expresan su sueño de viajar, se preocupan por el auge del consumismo y de la ostentación, agradecen tener asegurado el plato de arroz con frijoles y les da rabia no poder invitarnos a dormir en casa por miedo a meterse en un lío[7]. Nos dicen que las elecciones son un paripé porque a los de arriba no hay quien los cambie y los de abajo ni se sabe de dónde han salido. Cuando preguntamos a un taxista o a una vendedora de jugos por la clase política, ni la castrista ni la disidente salen bien paradas. El pueblo cubano está tan harto del Gobierno como de unos opositores que retratan como oportunistas y corruptos.

«¡Arriba la *spanish revolution*!», exclama eufórico un anciano en la guagua en cuanto identifica nuestro acento. Ha visto en televisión que las plazas de toda España, empezando por la Puerta del Sol, se han llenado de «indignados». En Cuba,

---

seis CUC la hora (recordemos que el salario medio mensual es de veinte CUC), por lo que personas que por la profesión de algún familiar podían contratar Internet en sus casas, las convertían en cibercafés clandestinos en los que se podía navegar a mitad de precio. La mayoría de ciberactivistas actualizaba sus blogs y las redes sociales desde sus puestos de trabajo, con el consiguiente riesgo de vigilancia y despido. La demora y la falta de transparencia en la instalación del cable de fibra óptica desde Venezuela a Cuba prometido por Hugo Chávez en 2007 enfadó incluso a comunicadores oficialistas. Desde 2013, ya con la fibra óptica desplegada, el Gobierno cubano empezó a abrir cibercafés (4,5 CUC la hora).

[7] Para perseguir el alquiler clandestino de habitaciones para turistas, el Gobierno exige licencia para rentar. La otra alternativa es que la persona invitada solicite un permiso de alojamiento en calidad de familiar; un trámite pesado y caro.

50 años después del triunfo de la Revolución, también hay indignados, pero no llenan plazas.

Fidel tiene 85 años y Raúl está a punto de cumplir los 80. ¿Qué ocurrirá cuando mueran? La gente vaticina el futuro en calidad de espectadora. Puede que haya un salto al vacío o que la grieta no sea lo suficientemente grande como para que el sistema actual se tambalee, ya se verá. Hay quien opina que si el castrismo sobrevivió a guerras frías, a hambrunas, a ciclones y al periodo especial, podrá con todo. Hay quien reclama un cambio ya, como sea. «Esto no hay quien lo aguante. Si el país se tiene que ir a la mierda, pues que se vaya; ya encontraremos la forma de reinventar algo nuevo», ruge una cineasta habanera que vende ropa para llegar a fin de mes. El sálvese quien pueda dejaría por el camino a la gente más empobrecida, argumenta una librera de Viñales partidaria de reformas sociales basadas en los valores de igualdad y solidaridad que guiaron el alzamiento contra el dictador Fulgencio Batista.

De vuelta a Bilbao, navego con mi privilegiado ADSL empeñada en descubrir proyectos periodísticos y activistas que se desmarquen de la «ciberguerra» declarada entre los medios oficialistas y opositores. Confirmado: existen. Descubro *Havana Times*, un medio que anuncia un periodismo desprejuiciado y en el que escriben columnistas de distintas sensibilidades políticas[8], incluidos varios miembros del Observatorio Crítico, una red que aglutina a anticapitalistas, anarquistas y marxistas que critican la deriva estalinista de un proyecto revolucionario en el que creen.

[8] Su director lo define así: «Una fuente independiente sobre la compleja realidad cubana, que lucha por un pluralismo informativo y de criterios en un país donde esa voluntad ha sido vista con ojos de sospecha. Navegando en aguas muy polarizadas, pretendemos contribuir a elevar el debate para encontrar soluciones incluyentes a las problemáticas del país».

Aterrizo en el blog de una de sus integrantes, Yasmín Silvia Portales Machado, una crítica literaria, editora y escritora que acaba de fundar una organización LGTB: el Proyecto Arcoíris. En su perfil, se presenta así: «Vivir en Cuba y ser *queer* ha sido elección. Mi vida es un fino equilibrio entre el ejercicio de la maternidad, el feminismo y el marxismo crítico». La foto presenta a una treintañera negra con media sonrisa. Lleva el pelo cubierto por un hiyab azul añil.

* * *

En la parada de autobús de la Estación Central de Ferrocarriles de La Habana, un muchacho de apenas veinte años canturrea un reguetón infame, algo así como «te voy a dar por todas partes». Es sábado por la mañana de enero de 2012 y llevo una hora esperando a la guagua para ir al municipio de Playa, donde conoceré a Yasmín, con la que me escribo desde que descubrí su blog.

He llegado en el P-5 desde el Malecón y aquí tengo que esperar al P-4 que, según el amable señor que me ha aconsejado, pasa bastante a menudo. En la cola kilométrica una señora me pregunta sin muchos más preámbulos si en España las muchachas también llevan pantalones bajos que dejan media nalga a la vista. Le digo que sí, y me cuenta que es peluquera, que hace trenzas a turistas. Son ya las doce y le había dicho a Yasmín que llegaría sobre esa hora. Desesperada, intento parar, sin éxito, algún almendrón, esos emblemáticos carros americanos de los años cincuenta que funcionan como taxis colectivos. Me dispongo a caminar hacia el Capitolio —su cúpula puntiaguda sirve de brújula— a ver si ahí tengo más suerte, pero el joven que canturrea reguetón me alcanza corriendo para avisarme de que la guagua ha llegado.

Luchamos con empujones y codazos para asegurarnos plaza en el bus articulado chino aunque suponga viajar de puntillas, con la cara aplastada contra el cristal o contra el sobaco embadurnado en desodorante blanco del viajero de al lado. Nadie está dispuesto a esperar otra hora al siguiente. El chófer, comprensivo, permite que se monte tanta gente que, cuando se detiene cada cinco cuadras, temo que el abrupto cierre de puertas se lleve un brazo o una pierna por el camino. Pregunto a un pasajero cuánto tarda en llegar a Playa: «Uy, chica, si no llevamos ni una cuarta parte del camino, tardará una hora». Me recomienda bajarme en Coppelia —la «catedral del helado» fundada en 1966 que se hizo mundialmente conocida por la película *Fresa y chocolate*— y parar un almendrón, que me dejará a siete cuadras de la casa de Yasmín. Llego, sudada y agitada, a las 13.45.

Yasmín abre la puerta de la casa de sus suegros, una imponente casona cuyas grietas y muebles austeros reflejan el precario estado de las zonas residenciales habitadas por la clase alta en tiempos de Batista. Mantiene su sonrisa luminosa mientras me deshago en disculpas y le cuento mi periplo autobusero. Tiene 31 años. Es menuda, pero viste una camisa de cuadros, como de leñador, tamaño XXL. No lleva velo y su pelo rizado está recogido en una trenza de espiga. Observo que tiene la piel de la cara y de los brazos plagada de cicatrices. «Ah, se pone velo para taparse las quemaduras», pienso. Mi hipótesis inicial era que tal vez siguiera alguna religión africanista.

Yasmín es cálida, risueña, curiosa, dicharachera y algo excéntrica. Me enseña el jardín, presidido por un platanero, y le doy mis regalos: para ella *Teoría King Kong*, de la escritora feminista francesa Virginie Despentes; para su niño, el pequeño RJ, que corretea alrededor de nosotras, *Ajdar*, el cuento ilustrado con mensaje ecologista de Marjane Satrapi, la iraní conocida por su cómic autobiográfico *Perspépolis*. Ella me corresponde con un abrazo efusivo y un libro del pedagogo brasileño Paulo Freire, cuya propuesta de educación popular ha guiado al Observatorio Crítico. Almorzamos con su esposo, Rogelio, un físico y analista político, pálido, con gafas y bigote, con el que comparte activismo y aficiones *geek*, como la ciencia ficción y la literatura fantástica. Después me sienta frente a un ordenador de mesa noventero y me enseña cómo funciona el limitado sistema que le permite recibir y enviar correos electrónicos sin tener acceso libre a Internet, ni tan siquiera a la intranet nacional. En sus e-mails ya me recordaba esa limitación: «Que el archivo adjunto pese menos de un mega, por favor, o no pasará por mi módem».

Me enseña los PDF de *NotiG*, un boletín sobre diversidad sexual en el que participó durante los tres años y medio en los que circuló. En marzo de 2011 el equipo editor recibió una notificación gubernamental que exigía inscribir el boletín en el Registro Nacional de Publicaciones Seriadas. Aceptaron el requisito de pedir el aval de una institución, el Centro Nacional de Educación Sexual (CENESEX), pero siguen esperando respuesta. Mientras tanto, gestan el Proyecto Arcoíris, una organización incipiente que aspira a ofrecer asesoría legal en caso de discriminación por orientación sexual o identidad de género, además de promover el compromiso ciudadano hacia la diversidad afectiva, sexual y familiar. Mientras planean los primeros actos de calle, una besada diversa tal vez, están difundiendo una encuesta entre personas no heterosexuales para recabar sus demandas, me cuenta entusiasmada.

Guardo en su computadora una carpeta de reportajes de *Pikara* que llevo en mi pincho USB. A falta de Internet, la información circula por la isla mediante las socorridas memorias. Casualmente, en mi *pen drive* encuentro un cortometraje,

Hiyab, dirigido por Xavi Sala, en el que la orientadora de un instituto catalán presiona a una alumna musulmana en su primer día de clase para que se quite el velo. Le doy al *play* deseando que sirva como pretexto para disipar la intriga sobre los pañuelos de Yasmín. En la pantalla, la adolescente, llamada Fátima, se muerde las uñas y resopla mientras aguanta el argumentario: que si es una escuela laica que no quiere diferencias entre el alumnado, que si estará más guapa, que no querrá ser la rara de la clase… Después de un desagradable toma y daca lleno de prejuicios, la estudiante cede y se desenrosca el pañuelo con mirada triste, se lo guarda en la mochila, se despeina el pelo y entra en clase. Mientras el profesor la presenta, observa a sus nuevos compañeros y compañeras: estudiantes con cintas que les cubren todo el pelo, con el cuello tapado con pañuelos palestinos, con viseras y cadenas que probablemente terminen en un crucifijo. Fin.

Aprovecho la coyuntura para preguntarle a bocajarro:

—¿Y tú por qué llevas velo?

—Pues porque me da la gana —zanja con una sonrisa sardónica.

* * *

El boulevard de Obispo es un escenario de cartón piedra desplegado para satisfacer al rebaño de turistas que ojean souvenirs de camino a la catedral y a la Bodeguita del Medio. Los grupos musicales tocan sin parar —en los restaurantes y en la calle— los dulzones *El Cuarto de Tula* y *Lágrimas Negras*, que todos los yumas[9] conocen desde que un gringo, Ry Cooder,

[9] En Cuba a las personas extranjeras, especialmente a las de Estados Unidos, se las llama «yumas». De la misma manera, también se usa la expresión «irse a la yuma». En Internet se citan hipótesis de lo más variopintas sobre su origen: por ejemplo, que

los convirtió en éxitos mundiales de ventas con el proyecto Buena Vista Social Club. Una vieja con ropajes folclóricos blancos vende puros acompañada de su gata, a la que ha ataviado con un vestido de volantes y lunares. Una estatua humana plateada toca la flauta dulce. Frente a ella, un hombre de 80 años y estilizado porte se pasea vestido de señorito: traje de chaleco ocre, gafas redondas, sombrero pintoresco, zapatos lustrosos y bastón. A dos metros de él, otro hombre pasea a dos perros basset disfrazados de mujer y hombre de época en una carreta en la que ondean banderas cubanas. Una anciana nos ofrece tabacos; un viejo, el *Granma*; una chica, banderitas de Cuba, y topamos con la pancarta humana de apoyo a los 5 héroes (espías cubanos encarcelados en Estados Unidos). Es como uno de esos anuncios humanos de «Compro oro», tres veces más grande y lleno de mensajes a Obama, fotos de los héroes y consignas patrióticas.

Los yumas caminan dóciles por esa avenida sin salirse del redil, porque les han advertido que fuera del boulevard, siempre iluminado y vigilado con policías y cámaras de seguridad, la Habana Vieja es peligrosa. En las calles paralelas, O'Reilly y Lamparilla, el empedrado presenta grandes boquetes, no hay *shoppings* sino talleres mecánicos y el reguetón chabacano de Osmani García sustituye a la vieja trova: «Baila el chupi chupi, que yo lo disfruti, abre la bocuti, trágatelo tuti».

Yasmín y yo paseamos hasta el mercado de libros usados de la Plaza de Armas. Me cuenta que participa en la organización de la Feria Internacional del Libro y que coordina un concurso internacional de ensayo que organiza el Ministerio de Cultura, titulado 'Pensar a contracorriente'. Muy oportuno:

deriva de irse a la «yunai» (de United States) o que se debe a la popularización de la película de los ochenta *Tren a Yuma*, en referencia a un municipio de Arizona.

Yasmín es una intelectual que trabaja en las instituciones cubanas pero se irá desvinculando de ellas a medida que resulte más incómoda.

Doblamos por Mercaderes hasta la casa en la que me alojo, estratégicamente situada junto a la plaza San Francisco de Asís y el Malecón, muy cerca de la Casa de África y de la Oficina del Historiador que dirige Eusebio Leal, el encargado de rehabilitar el histórico barrio. La gente habla de él como si fuera el cacique de la villa. «Es el dueño de todo esto», me dicen. Frente al portón de la casa, una zapatería luce espectaculares sandalias de tacón de aguja a entre 40 y 100 dólares.

Nos recibe Nancy, mi anfitriona, una mujer negra de 46 años que trabaja como seguridad de un banco. Con sus trencitas de colores y su envergadura parece una exjugadora de la NBA. Conocí a su hijo en Bilbao, adonde migró tras casarse con una vasca. Nancy vive sola en un pequeño y coqueto dúplex que ella misma ha pintado de morado, blanco y verde manzana. Su espiritualidad sincrética incluye una curiosa afición por el *feng shui* que le lleva a mover los muebles de sitio cada mes y cambiar los colores de las paredes anualmente. Yasmín y yo nos sentamos en los sillones orejeros con tapicería de floripondios retro y disfrutamos de la brisa del ventilador de techo. La entrevisto bajo la atenta mirada de la estatuilla de un indio americano que encarna al *orisha* Changó, el dios yoruba[10] de la justicia, la virilidad, la danza y los tambores.

Yasmín me cuenta que el Observatorio Crítico nació de la complicidad entre intelectuales anarquistas, trotskistas, mar-

[10] Religión heredera de la cultura yoruba de la que procedían las y los nigerianos que se transformaron en mano de obra esclava en el Caribe. Para sortear la evangelización, buscaron equivalentes a sus dioses, los *orishas*, en el santoral (Changó es Santa Bárbara; Ochún es la Virgen de la Caridad del Cobre, Yemayá es la Virgen de Regla…), de ahí que esta religión sea conocida como «santería». Está muy extendida en Cuba, Puerto Rico, Panamá o la costa caribe de Colombia y Brasil.

xistas y seguidores de Paulo Freire dispuestos a ejercer los derechos de reunión, manifestación y asociación que reconoce el artículo 54 de la Carta Magna. El Observatorio es un paraguas de pequeñas iniciativas antirracistas, como La Cofradía de la Negritud, o ambientalistas, como El Guardabosques, y organiza debates sobre temas tan dispares como los transgénicos, el cooperativismo o el auge del reguetón. Aunque ni *Juventud Rebelde* ni el *Miami Herald* informen sobre sus foros sociales, se han convertido en el espacio de referencia de la izquierda crítica cubana.

Comprobaron que para registrar una asociación, el Ministerio de Justicia exige el aval de una entidad estatal, que tarda años en llegar, como le pasó con *NotiG*. En la práctica, la conjunción de trabas burocráticas y falta de voluntad política hace prácticamente imposible constituir nuevas asociaciones, del signo político que sean. La solución pasa por utilizar fórmulas que cuenten con el respaldo institucional, como las cátedras académicas o los proyectos adscritos a centros culturales. Como el Observatorio Crítico, que nació de la cátedra Haydée Santamaría, creada dentro de la Asociación Hermanos Saíz (AHS, la institución de jóvenes artistas y escritores).

En 2010, cuando sus propuestas empezaron a resultar demasiado incómodas, la AHS les comunicó que sus integrantes habían superado la edad para permanecer vinculados a la institución. «Entonces ya no hubo la necesidad de ser políticamente correctos», señala Yasmín. El Observatorio ganó libertad y radicalidad pero también precariedad. Sus exiguos recursos, aportados por sus integrantes y por colectivos anarquistas y anticapitalistas europeos, apenas alcanzan para comprar algún libro, costear algún boleto de bus o pagar la merienda para las reuniones, que celebran en parques o en paladares (restaurantes de iniciativa privada) regentados por simpatizantes.

Hija de un militar de la marina revolucionaria y de una maestra que participó en las campañas de alfabetización, Yasmín empezó como dirigente estudiantil y militante de la Unión de Jóvenes Comunistas. En la universidad conoció a uno de los fundadores del Observatorio Crítico, Mario, un profesor de historia serio y espigado de peculiar estilo docente: «Daba clase fuera del aula, parecía claustrofóbico, estaba muy abierto al debate». Yasmín se fue a Ecuador para estudiar una maestría de Feminismo y desde Quito ingresó en la red Bloggers Cuba. Cuando regresó a La Habana, empezó a colaborar con el periódico *Havana Times*. En esos espacios fue descubriendo a más intelectuales ligados al Observatorio, como Dmitri —un antropólogo hijo de una rusa empeñado en entender por qué tantas revoluciones han devenido en sistemas opresivos— o Isbel —un ecologista gay con el que Yasmín montó después Proyecto Arcoíris—. A la joven marxista le entusiasmó descubrir a gente capaz de criticar desde la izquierda el liderazgo carismático de Fidel o las reformas tecnócratas de Raúl.

Yasmín no acepta la consigna de obediencia ciega y defensa incondicional de la Revolución. Ella lucha por una Cuba socialista que respete la libertad de expresión y de manifestación, una Cuba socialista en la que pueda plantarse con sus propios carteles en la marcha del 1 de Mayo para reclamar que se erradiquen las discriminaciones racistas y homófobas que persisten en el empleo público. El Observatorio lo intentó en una ocasión: al año siguiente funcionarios de seguridad llamaron a las personas involucradas y advirtieron que «por favor» no salieran con sus carteles porque había mucha tensión con EE. UU., y se iban a ver obligados a impedirles que llegaran a la plaza de la Revolución.

Yasmín sueña con una Cuba socialista que deje de marginar de su historia a anarquistas y afrodescendientes. Mientras en las carreteras de Cuba los héroes y mártires que saludan desde las vallas son todos hombres blancos —Fidel, el Che, Camilo Cienfuegos—, Yasmín reclama que en la narrativa épica de la nación se cuenten otras historias, como la de los cinco miembros de la Hermandad Abakuá[11] asesinados en 1871 por los paramilitares colonialistas cuando intentaban rescatar a otros ocho jóvenes criollos estudiantes de medicina que finalmente fueron fusilados. «Hay un montón de fechas olvidadas por el discurso oficial del Estado que podrían dar una visión mucho más compleja de la historia cubana. Los niños no quieren estudiar historia porque los héroes, más que gente, son santicos».

* * *

«Cuando yo era pequeña, me metía el dedo en la nariz y mi madre me decía que no hiciera eso, que se me iba a ensanchar. Y pretendía que eso me asustara. Yo era una niña mestiza que había heredado los genes de su abuela blanca de ojos azules y tenía la suerte de tener la nariz fina». Yasmín, envuelta hasta la cintura con un pañuelo palestino magenta y negro que cubre una sobria camisa de rayas color salmón, me cuenta que creció sabiéndose expuesta a tres fuentes de complejos y discriminaciones: por ser negra, por ser mujer y por habitar un cuerpo lleno de cicatrices.

[11] Esta fraternidad surgió en la primera mitad del siglo XIX como una sociedad secreta de ayuda mutua en la que se resistía a la hostilidad contra los negros, tanto esclavos como libertos, en la Cuba colonial. Tienen sus propios ritos espirituales africanos y no aceptan a mujeres (ni a hombres homosexuales). Señalados como criminales y «brujeros» desde tiempos de la colonia, se les sigue atribuyendo un código de conducta machista y violento. Los colectivos antirracistas, en cambio, reclaman que se reconozca la resistencia cultural de esta hermandad y que se revisen los prejuicios y mitos que la rodean.

De niña sufrió un accidente que le dejó quemaduras en todo el cuerpo. Eran los años noventa, el periodo especial, y su madre se gastaba todo el dinero que tenía en operaciones de cirugía estética que no lograron borrar las cicatrices. En secundaria, Yasmín se preguntaba si podía ser mujer con ese aspecto. Había aprendido que la belleza era el elemento central de la feminidad, el más valorado, el que garantizaba ser popular. Una chica negra y fea lo tenía complicado para hacerse respetar: solo le quedaba la inteligencia, ser la mejor de la clase. El tiempo que las otras chicas dedicaban a peinarse, a maquillarse, a hacerse la manicura y a elegir ropa en una Cuba bloqueada, Yasmín lo invertía en leer, en pensar, en preguntarse cosas. Entre ellas, qué es ser femenina, qué es ser mujer. «Ni en los momentos más rabiosos de pubertad pensé que hiciera falta maquillarse a diario para ser mujer. Yo repasaba la historia y pensaba: ¿acaso las cubanas que en el siglo XIX iban a sacrificarse por la patria habían dejado de ser mujeres?». Se empezó a definir como feminista mucho después, cuando se sacudió el estigma que aún pesa sobre esa palabra.

Cuando tocó elegir carrera, se matriculó en Teatrología, en el Instituto Superior de Arte. A pesar de que los pasillos estaban repletos de actrices y bailarinas hermosas, algunos hombres, muy atractivos, también se acercaban a Yasmín: «Eso me sorprendió, me hizo ruido en el sistema». La Yasmín adulta aprendió a vivir en su cuerpo y, cuando le preguntaban si no se haría cirugía para borrar las cicatrices, contestaba firme: «Esta es mi cara, esta soy yo, no quiero volver a cambiar». «No me sentía bonita. Me sentía segura de mí misma, me sentía libre, pa' que tú veas. Porque como de todas formas no iba a ser bonita, podía ser lo que yo quisiera y vestirme como me diera la gana». Como le diera la gana, dentro de las limitaciones que imponía el bloqueo, aunque esa precariedad a veces le obligó a superar los complejos. Como cuando tuvo que comprarse un bikini porque no le alcanzaba el dinero para pagarse una trusa (bañador) de una pieza. «Luego descubrí que no había problema, que la gente no me miraba».

Elogio sus bonitos ojos almendrados y sus pestañas tupidas, pero Yasmín se deja piropear lo justo: agradece a su cuerpo haberla librado de la tiranía de la belleza. «No me gusta la palabra "bonita" porque tiene todas esas implicaciones de las que no puedo deshacerme. Ahora sé que soy atractiva. No creo que sea bonita y, además, no quiero serlo».

Pese a estar casada con Rogelio, Yasmín siempre hizo gala de una sexualidad iconoclasta —«Un poquito falocéntrica incluso, no me da vergüenza admitirlo», ríe juguetona—. En uno de sus blogs, *Palabras robadas*, escribe desde 2005 relatos de *slash fan fiction* en los que imagina relaciones homoeróticas entre los elfos de Tolkien o los personajes de Harry Potter.

Si tiene que elegir religión, Yasmín elige la *pastafari*, que surgió como manera de parodiar el creacionismo. Devota de los espaguetis y del conocimiento libre, Yasmín reconoce a la santería por ser la religión que resistió a la colonización europea. Pero su pañuelo no tiene nada que ver con la espiritualidad

Lo empezó a usar por una razón práctica. En 2007, cuando estudiaba en Quito, se vio obligada a protegerse de la violenta radiación solar de Ecuador. Dos años después, de vuelta a Cuba, recuperó esa prenda para dar el pecho a su bebé sin sentirse expuesta. La atípica estampa de una cubana con velo provocaba todo tipo de reacciones cómicas que le animaron a seguir usándolo: «Se convirtió en un ejercicio de etnografía fascinante. Un día, en el ómnibus, la gente empezó a mirar con muy mala cara a mi padre porque asumían que él era el malvado que obligaba a la pobre chica musulmana a llevar velo», cuenta divertida.

Amplió su colección de pañuelos con telas de colores vivos y estampados florales, felinos o de estilo palestino. Se los acomoda como si fueran hiyabs, sujetos con horquillas cubriendo la cabeza, el cuello y el pecho. Ese pañuelo heterodoxo —a veces se lo enreda como turbante o lo anuda en una trenza—, sacrílego para cualquier imán, funciona de barómetro de la actitud del pueblo cubano hacia el mundo árabe. A partir de 2011, la gente empezó a preguntarle si pretendía expresar su apoyo a la Primavera Árabe. Yasmín replicaba enigmática: «Puede ser». «¿Y estás con el Gobierno o con el pueblo?». «Siempre con el pueblo». Una misma prenda iba mudando de significados e interpretaciones; ahora se relacionaba con una lucha hermosa, la que llenó la plaza de Tahrir. A medida que en Occidente crecía la islamofobia, a medida que veía en las noticias que colegios e instituciones en Francia o en España excluían a las mujeres con velo, ese trozo de tela se convertía en un hilo entre Yasmín y las musulmanas. La cubana también se ha encontrado con feministas que le han reprochado que vista una prenda que simboliza la opresión femenina. Yasmín recuerda diálogos absurdos:

—¿Tú te convertiste?

—No. ¿Y si me hubiera convertido?

—Pues me hubiera preocupado mucho, porque en los países árabes venden a las mujeres.

—¡Pero si yo estoy aquí!

Así que el pañuelo se convirtió en «un ejercicio de desmontar la lógica del poder» —me dice con su retórica marxista—, quería demostrar que llevar esa prenda no significa estar sometida a alguien o a algo. Quería afirmar su principio de que el feminismo consiste en hacer lo que a una le da la gana. Se lo pone por eso y por otras muchas ventajas: «Es rico. Bloquea la radiación y estabiliza la temperatura, siempre que la humedad no sea excesiva. Y es práctico. No hay que peinarse todas las mañanas».

* * *

Los brazos tatuados de Pasita, la mitad del dúo de hip-hop Krudas Cubensi, se agitan al ritmo de su provocador discurso: «No nos engañemos: en cada familia cubana hay una prostituta. ¿Es así o no?». ¿Acaso muchas familias no sobreviven gracias al jineteo? ¿Acaso la economía nacional no se ha beneficiado de las remesas que mandan las que se casaron con turistas para salir de la pobreza? En el solemne salón de actos de la Unión de Escritores y Artistas de Cuba (UNEAC) se forma un tremendo alboroto. La mitad más negra responde «sííií», la mitad más blanca murmura indignada.

Para caldear más el ambiente, las Krudas, emigradas a Austin (Texas), señalan la contradicción de que en la yuma hayan encontrado espacios feministas y lesbianistas que la Revolución cubana no permite. Porque lo de hoy es una excepción. Estamos en un debate sobre feminismo y cuerpos, organizado por Sandra Álvarez, comunicadora y autora del blog *Negra cubana tenía que ser* y del *Directorio de Afrocubanas*, una web en la que recoge biografías de artistas, investigadoras, deportistas o activistas negras que la historiografía de los hombres blancos ningunea. Convoca el programa de género y cultura «Mirar desde la sospecha», que cuenta con el respaldo legal de una oenegé cristiana y de la UNEAC. Hace diez años un debate así de incisivo hubiera sido impensable en una institución cubana, señalan varias asistentes.

«¿Feminismo cubano? Primera noticia de que existe. Si acaso se está gestando, habrá que ver si el nené nace o vuelve a ser abortado», me contesta Yasmín con sarcasmo. Uno de esos abortos ocurrió en 1996, cuando la Federación de Mujeres Cubanas (FMC) hirió de muerte a la asociación autónoma de mujeres comunicadoras Magín, que aglutinaba a más de un centenar de periodistas, artistas, científicas e incluso políticas. Apenas tres años después de su fundación, en los que no lograron ser legalizadas, se les informó de que no podían seguir funcionando, bajo el argumento de siempre: que toda organización diversa da oportunidad a la penetración del enemigo.

Dos décadas después, «Mirar desde la sospecha» es el único proyecto que se atreve a pronunciar las palabras «feminismo» o «patriarcado», y que cuenta con feministas autónomas y críticas como las propias Yasmín y Negra Cubana.

La FMC mantiene el monopolio de la defensa de la igualdad de género. Yasmín reconoce los avances sociales que peleó esta organización de masas, pero le reprocha falta de radicalidad, de autonomía y de valentía a la hora de abordar cuestiones como la violencia machista, la diversidad sexual o el estigma y la criminalización del trabajo sexual. Además, es jerárquica y responde al Partido Comunista.

Por otro lado, el feminismo se limita a iniciativas surgidas en la universidad, como la cátedra de Estudios de la Mujer. Pero ese feminismo académico, muy blanco y heterosexual, destila elitismo y tampoco tiene mucho margen para cuestionar frontalmente al Gobierno.

El discurso oficial niega la necesidad de un movimiento feminista en un país en el que las mujeres representan el 65% de la fuerza laboral y tienen derecho al aborto. A Yasmín no le extraña esa reticencia: «Una de las bases del feminismo es replantearse la verticalidad y las relaciones de poder, y eso para cualquier institución cubana sería suicidarse».

* * *

En el «Escaleras al cielo» los chicos se rozan al ritmo machacón de David Guetta. Podría ser cualquier discoteca gay de cualquier ciudad occidental, con sus luces láser y sus pantallas ostentosas. En este local de La Habana Vieja, los gais (y lesbianas en menos proporción) que tienen divisas para pagar las copas a dos CUC bailan y retozan despreocupadamente. En otro antro, más oscuro, rústico y alejado, soy la única yuma en una pista de baile sacudida por el nuevo éxito reguetonero que ha preocupado a las santurronas autoridades cubanas: *Kimba pa' que suene*[12]. Uno de los pocos grupitos de chicas, vestidas con trajes masculinos, conversan con nosotras hasta que una mulata, con melena lacia rapada por un lado y un minivestido negro con lentejuelas que descubre una espalda tatuada, me invita a bailar y me perrea con impostada lascivia. Me voy al baño y Nancy le pregunta cuál es el trato; la perreadora le contesta que se va conmigo por 40 CUC. Después, una mujer con traje blanco y medallón de oro al cuello me promete una noche a gastos pagados y, para demostrarlo, me muestra su billetera desbordante de pesos convertibles. Por más que a la Federación de Mujeres Cubanas

[12] Este tema de Los Principales, que habla de la masturbación masculina —«Hoy me desperté con ganas y no había nadie en la casita, menos mal que tengo a manuela, menos mal que tengo a manuelita»— y la felación, hizo reaccionar a las autoridades cubanas, que con motivo del exitoso *Chupi chupi*, de Osmani García, ya habían llamado a los medios de comunicación a no emitir vídeos cuyas imágenes o letras denigrasen a las mujeres. Sandra Álvarez, Negra Cubana, escribió en *Pikara* un artículo titulado precisamente «Kimba pa'que suene» en el que habla del papel y la deriva del reguetón en Cuba y los retos que presenta.

no le guste debatir sobre trabajo sexual, en las fiestas de gais y lesbianas, como en cualquier otra, hay dos tipos de personas, me explica después un amigo habanero: las que andan «buscando» y las que andan «luchando».

Yasmín no frecuenta los espectáculos de *drag queens* en los cabarés del Vedado ni toma cervezas de madrugada en el Bimbón, la gasolinera en el Malecón en el que terminan la noche gais, transexuales y lesbianas. Prefiere reunirse con sus amistades en sus casas o en los parques, un plan más tranquilo y asequible. Pero, desde esa distancia, la escritora celebra que en las últimas dos décadas la libertad sexual se haya normalizado, al menos en los espacios de ocio regentados por el Estado. Lejos queda la Cuba que retrató en 1993 *Fresa y chocolate*, la película en la que un intelectual gay que conoció la represión de los años setenta —cuando se encerraba a homosexuales en campos de trabajo— se enamora de un estudiante comunista prejuicioso. Aunque recorrió las salas de cine de toda la isla, fue aclamada por el público y la crítica, y ganó sendos premios internacionales, el largometraje no fue emitido en la televisión cubana hasta 2007. «Extender la gran pregunta de si ser homofóbico es revolucionario o no fue espectacular», recuerda Yasmín. Su estreno fue el punto de inflexión que abrió el debate de la homofobia como un problema social y político.

Y en ese debate destacó un inesperado nombre: Mariela Castro. Esta sexóloga, hija de Raúl y Vilma Espín, impulsó desde el CENESEX, centro adscrito al Ministerio de Salud, un cambio en el discurso y las políticas del Gobierno, que ahora incluso organiza actos institucionales en torno al Día Internacional contra la Discriminación por Orientación Sexual e Identidad de Género.

En 2005, Yasmín trabajó actualizando el sitio web del CENESEX, pero anhelaba un movimiento LGTB autónomo al que Mariela Castro se oponía argumentando que suponía generar un gueto. Cinco años después, la política optó por una estrategia de despiste, de «movilización desmovilizadora»: impulsó un activismo tutelado por educadoras del CENESEX que se centraban en temas de salud sexual en vez de en armar una agenda política y defenderla en las calles[13].

Como ocurre con el feminismo, la lucha LGTB carece de un movimiento autónomo que empuje las políticas públicas como la reforma del Código de Familia con el que se aprobarían las uniones civiles entre personas del mismo sexo. «Está empantanada porque hay mucha gente empeñada en negar el sustento legal a la diversidad y porque las personas no heterosexuales no nos articulamos para exigir su aprobación. Para empezar habría que salir del clóset en serio, no una vez al año».

A Yasmín le daba rabia que el único colectivo independiente, el único que celebra el Orgullo cada 28 de junio, fuera el Observatorio LGTB creado por la oposición anticastrista. «¿Por qué tiene que ser la derecha quien haga esas cosas?».

* * *

«Ven con algo rojo y besa a alguien. ¡Porque todas las formas de amor importan!». El 28 de junio de 2012, 46 personas de las 1000 que han recibido ese mensaje por SMS o correo electrónico se reúnen en la terminal de ómnibus de

[13] Algunos integrantes de estas redes adscritas al Cenesex se muestran partidarios de que existan colectivos autónomos, como Alberto Roque, dinamizador de Hombres por la Diversidad y militante del Partido Comunista. Me dijo que sí, que era partidario de un movimiento autónomo horizontal, siempre que sirviera «para fortalecer los principios del socialismo cubano y la construcción de una sociedad más justa y digna». El cofundador de Proyecto Arcoíris, Luis Rondón, y el bloguero y periodista comunista Paquito el de Cuba, también participan en estos espacios del Cenesex, donde ven margen para canalizar críticas a las políticas del Gobierno y expresarse con libertad.

La Habana, cerca de la plaza de la Revolución. Es el primer acto de calle que convoca el Proyecto Arcoíris. Las personas asistentes se muestran tímidas, apenas se besan en las mejillas, sobre todo las mujeres. Pero la foto del beso en la boca de Isbel y su novio Jimmy llega a medios digitales dentro y fuera de Cuba. Ellos mismos fueron multados por un policía que les vio besándose en la playa.

«Desde el martes tenía un tic nervioso en el ojo derecho», dice Yasmín, a la que casi le dio un patatús cuando vio que en el mensaje de la convocatoria se había colado una errata: «Hómnibus». Está eufórica. Medio centenar de personas puede parecer poca cosa, pero es todo un triunfo para una acción reivindicativa que no está apoyada ni por el Gobierno —que sigue tachando al 28J de celebración imperialista y capitalista— ni por la disidencia anticastrista. Pese a los rumores de que la policía reprimiría el acto, como reprime las movilizaciones de las Damas de Blanco[14], no hubo marcaje ni presiones. Esta vez no se coló ningún agente de la seguridad del Estado, como sí ocurrió cuando el Observatorio Crítico organizó una charla con una activista del 15M en un parque. Con esta concentración, Yasmín quiere remover algo en ese pueblo cubano que aprendió «que la calle no era suya, sino de una entelequia llamada *los revolucionarios* que nadie por fin sabe cómo lucen o qué creen».

En el manifiesto, Proyecto Arcoíris repasa las asignaturas pendientes en la Cuba de Mariela Castro: el reconocimiento

[14] Movimiento ciudadano impulsado por esposas y parientes de presos cubanos que organizan concentraciones vestidas de blanco portando fotos de sus familiares encarcelados. Para la disidencia, son un símbolo de la lucha contra la represión castrista. El Gobierno cubano deslegitima su causa señalando que esos presos políticos están en la cárcel por trabajar para la CIA. Amnistía Internacional ha pedido en numerosas ocasiones a las autoridades cubanas que sus agentes dejen de dispersar, hostigar e intimidar a las manifestantes.

legal a las familias diversas —ninguneadas por el Censo de Población y Viviendas—, la despatologización de la transexualidad[15], el fin de los crímenes de odio y medidas contra el acoso escolar y la discriminación laboral, ya que la ley 116 del código de trabajo no castiga la exclusión de personas transgénero y seropositivas. La besada responde a la realidad de que esos y esas jóvenes que bailan y retozan en las discotecas de ambiente aún no se atreven a ir de la mano o besarse en la calle, por miedo a ser acusados de exhibicionismo por algún agente prejuicioso.

Dos meses después de la besada, la televisión cubana censuró el videoclip de la canción de Buena Fe y Descemer Bueno *Ser de Sol.* Cuando por fin se emitió, el vídeo se cortó justo antes de la escena final: en la que los protagonistas descubren a sus novias besándose. Curiosamente, las escenas lésbicas de series estadounidenses como *Juego de Tronos* o *Glee* pasaron la censura[16].

* * *

Por la casa de Nancy pasan cada día su hermana, la vecina, alguna amistad y alguna persona vinculada a la espiritualidad (hoy una tarotista, mañana un *babalawo*, sacerdote yoruba que le leerá el futuro con sus semillas). Nancy les ofrece café, almuerzo o un jugo de guayaba. Mi anfitriona es muy afable con las visitas que yo recibo y siente especial simpatía por Sandra y Yasmín: negras y activistas por la diversidad

[15] En la actualidad, las leyes cubanas exigen hormonación, cirugía y la experiencia de vida real a quien quiera cambiar el sexo y el nombre de sus documentos oficiales, y mantiene, como la ley española, el criterio de definir la experiencia trans como un trastorno de la identidad.

[16] Lo cuenta Camilo Ernesto Olivera en un post en *Cubanet* titulado «El beso de la censura».

sexual. Pero un día, en mi tercer viaje a Cuba a principios de 2013, me dice con apuro que le preocupa que su casa sea frecuentada por gente que anda en política. Quién sabe si tiene el teléfono pinchado o si la cedera del edificio pone la oreja.

No la puedo acusar de paranoica porque el Observatorio Crítico sufre un marcaje cada vez mayor. El pasado junio, la policía detuvo durante doce horas, en La Habana, a dos de sus miembros porque portaban sprays de pintura en las mochilas. La denuncia pública por las redes sociales sirvió para acelerar su puesta en libertad[17]. En marzo, el Observatorio marcó la nota discordante: mientras castristas y anticastristas celebraban la visita del papa Ratzinger a Cuba, Yasmín criticó que un Estado laico derrochase dinero público para acoger al líder de una institución que no reconoce los derechos sexuales y reproductivos, que el Partido Comunista agasajase a un papa tan beligerante contra el marxismo, y que las religiones afrocubanas (cuya influencia supera a la del catolicismo) no hayan recibido tales reconocimientos gubernamentales. Meses antes fantasearon con indignarse ante la visita del papa, pero al final se conformaron con expresarse en medios de comunicación y blogs.

Pensar a contracorriente seguía pasando factura social. En julio, el exagente de la seguridad del Estado Percy Francisco Alvarado Godoy acusó ante la prensa a un grupo de recono-

[17] Isbel lo contó en *Havana Times* y también mencionó los criterios racistas que guían a la policía: «La realidad es que ninguno de los detenidos esa noche fue liberado al amanecer, ni sabían cuándo saldrían de allí. Ello incluyó, según me narran, a un hombre negro, cuyo crimen había sido caminar por el Vedado teniendo antecedentes penales. "¿Cómo se te ocurre venir al Vedado con antecedentes, ese aspecto, y ese color?", alcanzaron a escuchar Jimmy y Eduardo. Fue triste ver que el agente racista también era de piel negra. No es necesario haber cometido un crimen o afectar el orden público en Cuba, el carácter "preventivo" del proceder policial parece justificar tales violaciones que suceden a diario, sin que la ciudadanía pueda interponer recursos legales efectivos que detengan y reparen tal distorsión».

cidos intelectuales cubanos de participar en la guerra cibernética de Estados Unidos contra el castrismo. Los afectados no aceptaron sus posteriores disculpas y recordaron que esos ataques abocaron al ostracismo a autores como José Lezama Lima y Virgilio Piñera, causando un daño irreparable a la cultura cubana.

Por haber entrevistado a la bloguera disidente Yoani Sánchez, *Havana Times* también fue acusado, en dos artículos publicados en *Cubadebate* y *Rebelión*, de estar alentada por Estados Unidos y de apoyar a contrarrevolucionarios. Que el director de este medio, Circles Robinson, naciera en Estados Unidos (como podía haber nacido en cualquier otra parte, dice él, que ha vivido en diferentes países y trabajó durante siete años para el Gobierno cubano) facilita las acusaciones.

Yasmín y sus compañeros bromean con solicitar a la Organización Nacional de Administración Tributaria una licencia para activistas por cuenta propia. Mientras el Gobierno sigue poniendo trabas a los movimientos sociales independientes, el Observatorio Crítico pide a los colectivos de izquierda de otros países que abandonen la complacencia hacia el régimen castrista y les apoyen como alternativa a la pugna entre dos modelos depredadores en crisis: el estalinismo y el capitalismo imperialista.

* * *

«¿Sabes lo que se siente al ser parte de la historia? Hambre, sed y miedo». En marzo de 2016, en ayunas y con la boca seca porque no hubo servicio de cafetería, Yasmín fue una de las cubanas que escuchó el esperado discurso de Barack Obama sentada en el patio de butacas del Teatro Nacional de La Habana. Me cuenta, con su característica mordacidad, que le gustó el discurso —«refleja bien el miedo y la esperanza de ambos lados, de que esta vez sí saldremos ganando, aunque nadie sabe con certeza qué, aparte de dólares»—, pero que ella ya no se deja llevar por la retórica bien construida: «"Vine a enterrar el último vestigio de la guerra fría en las Américas", dijo Obama. ¡Oh! Resulta que Barack vino hasta La Habana para unos funerales. Ahora falta que mi Gobierno le eche tierra a la tumba», ironiza la escritora. Sin abandonar su tono escéptico, intenta sumarse al optimismo que prima entre el pueblo cubano: «Ganamos una batalla de 60 años contra Roma, el Gobierno reconoció que parte de la sociedad civil no es suya, Google pondrá wifi gratis».

Yasmín me escribe de camino a un Campamento de Tecnología y Humanidades, un evento organizado sin aval de las instituciones, con financiación externa del sector privado y estatal. Tal osadía de organizar un foro por cuenta propia sin pedir permiso fue tolerada a trancas y barrancas por el Partido Comunista.

Desde mi última visita a Cuba, hace tres años, han pasado muchas cosas. Los reguetoneros Gente de Zona se han hecho mundialmente conocidos cantando con el neoyorquino Marc Anthony: «Y se formó la gozadera, Miami me lo confirmó». Ya hay conexión wifi en los parques de La Habana. La besada se ha seguido organizando cada 28J sin contratiempos y Proyecto Arcoíris se ha adscrito a la ILGA, la asociación internacional LGTBI. Este año el VII Congreso del Partido Comunista de Cuba menciona explícitamente el compromiso del Estado contra las discriminaciones por identidad de género y orientación sexual.

Yasmín ha viajado un par de veces a la yuma para participar en encuentros internacionales, ataviada con el velo añil de inspiración sahariana que reserva para las ocasiones especiales. La ausencia de amenazas y de persecuciones políticas o policiales en ambas orillas ante la celebración de un foro sobre las relaciones entre Estados Unidos y Cuba confirma el fin del deshielo. «Pasé el fin de semana en Miami, ¿qué les parece? Hablamos de Cuba, de lo malo e inútil del bloqueo, y ni Vigilia Mambisa apareció. Yo, exmilitante de la UJC, le di la mano a un hombre de la Brigada 2506[18]. Estamos de acuerdo en que nuestro país no necesita los permisos de Estados Unidos para existir», escribió en esa ocasión. El otro viaje le permitió participar en el Congreso de la Asociación de Estudios Latinoamericanos (LASA), donde disertó sobre uno de sus intereses más frikis: el *otaku*, tribu urbana de fanáticos de la cultura popular japonesa, del anime y del manga, que también tiene fuerza en Cuba.

Hace un par de años soltó amarras de las instituciones culturales cubanas para poder ser todo lo incómoda que quisiera. Va saliendo adelante como escritora y crítica literaria *freelance* y de vez en cuando coordina algún proyecto de investigación social independiente financiado por fundaciones europeas o estadounidenses afines. Como le ocurrió al Observatorio Crítico, la autonomía supone tener que «inventar» algo más para llegar a fin de mes. «Mi primer ejercicio de marxismo es buscarme los frijoles, pues sin autonomía material es muy difícil pretender tener autonomía política», confiesa en una de tantas entrevistas en medios cubanos y extranjeros. También apoyó a su madre, maestra vocacional asfixiada por la burocracia de los centros educativos, en la puesta en marcha de

[18] Vigilia Mambisa es un grupo extremista de exiliados cubanos residentes en Miami, que boicotea a todo artista o intelectual que no apoye su petición de que EE. UU. fuerce con las armas un cambio de régimen en Cuba. La Brigada 2506 fue un grupo de combatientes exiliados cubanos entrenados y equipados por la CIA en 1960, una de las que participó en la fallida invasión de la Bahía de los Cochinos. La vibrante ponencia de Yasmín, titulada «El país que quiero legarle a mi hijo», se puede leer en su blog.

un humilde negocio de costura. Qué cosas, Yasmín también obtuvo un carné de cuentapropista que mostró divertida en *Havana Times*.

Fidel, cuya muerte tantas veces anunció la prensa internacional, cumplió 90 años en agosto de 2016. Yasmín celebra el cumpleaños del comandante haciendo las maletas. La Universidad de Oregón la ha becado para formarse en su Departamento de Lenguas Romances. Y en noviembre, con su flamante visa, podrá viajar con tranquilidad a la Feria del Libro de Miami, donde se presentará una antología de cuentos cubanos de ciencia ficción que incluye una de sus distopías homoeróticas. «Este va a ser mi año», me dice emocionada.

En la campaña *crowdfunding*[19] que ha lanzado para poder costear los tres pasajes de avión y las visas de su madre y del ya no tan pequeño RJ, que le van a acompañar en esta aventura, esgrime razones académicas: quiere mejorar su formación para consolidarse como crítica literaria y ahondar en el estudio de la literatura especulativa cubana y latinoamericana.

Pero también pesa el cansancio de tantas horas haciendo cola para tomar una guagua o conseguir detergente, tantas mordazas esquivadas por pensar a contracorriente, tantas compañeras que se fueron antes que ella a buscar en la yuma el oxígeno que les falta en la isla, y ya no regresaron. Lo advirtió, para quien quisiera leer entre líneas, en esa ponencia que leyó en Miami:

«Si el único lugar seguro para el desacuerdo, del signo político que sea, está fuera de los límites geográficos del archipiélago de Cuba, seremos en verdad una diáspora».

[19] El micromecenazgo colectivo por Internet ha sido todo un descubrimiento para la gente de la órbita del Observatorio Crítico. Sandra lo utiliza para financiar su *Directorio de Afrocubanas* e Isbel ha recurrido a la misma plataforma para montar un Centro Social Libertario en La Habana.

8
LA QUE LUCHA POR SU PUEBLO

«Nací el mismo día que estalló la guerra civil en El Salvador. Un 10 de octubre de 1979. La guerra y mi historia van unidas».

Nicole Santamaría habla con serenidad y precisión. Enciendo mi grabadora y narra como si estuviera leyendo la biografía de otra persona, sin perder el hilo y deteniéndose en cada detalle.

En realidad, su historia comienza dos meses antes de que naciera, antes de que estallase el conflicto bélico entre el Gobierno Militar y el Frente Farabundo Martí para la Liberación Nacional (FMLN). Empieza en un supermercado.

Los cuerpos de seguridad del Estado y el grupo paramilitar ORDEN ya asesinaban a maestros, a dirigentes campesinas, a sindicalistas y estudiantes, y violaban a niñas, a mujeres, a ancianas. Ese era el ambiente convulso que se respiraba cuando su mamá, embarazada de siete u ocho meses, fue a hacer la compra con su hija mayor y topó con un grupo de soldados que estaban saqueando el supermercado. Uno de los soldados le dijo: «Qué linda, mamacita, qué rica, con esa pancita».

Su mamá tenía un cuchillo en la mano; estaba dispuesta a matar a su hija y suicidarse antes de que las tocasen. Menos mal que el jefe de la soldadesca se dio cuenta de lo que estaba ocurriendo. Se acercó a la mujer embarazada y le dijo: «Señora, no se preocupe, nadie la va a tocar».

Nicole habla con admiración de su mamá: una mujer feminista del asentamiento indígena Cacaopera, en el departamento de Morazán. Se formó como maestra y después empezó a estudiar Sociología, pero decidió apartarse de esa carrera, considerada comunista, después de sobrevivir a la masacre estudiantil del 30 de julio de 1975. El general Carlos Humberto Romero, ministro de Defensa entonces y presidente dos años después, ordenó a los agentes policiales que reprimieran una marcha pacífica en la Universidad de El Salvador. Arrojaron gases lacrimógenos y dispararon con armas de fuego a los manifestantes, acorralados por tanquetas. Las autoridades hicieron desaparecer los cuerpos sin vida del alumnado y limpiaron los rastros de sangre. Murieron más de 100 jóvenes. Su mamá salvó su vida refugiándose en el colegio de San José, que acogió a los estudiantes que huían por la 25 Avenida y cerró los portones para impedir la entrada de los armados. En agradecimiento, Nicole, sus dos hermanas y su hermano estudiaron en ese colegio jesuita.

Estas y otras historias de guerra y revolución forjaron el carácter de Nicole. Creció en una colonia de clase media en la capital, viendo a su mamá enterrar los libros de Sociología —retomó la carrera cuando su pequeña tenía ocho años— y esconder a personas perseguidas hasta que pudieran salir al exilio. «El destino creó en mí un sentimiento de búsqueda de la verdad y de la justicia. Y, sobre todo, un sentimiento de compañerismo y de identificación con las personas que viven en condiciones de desigualdad».

Nicole ahora tiene 36 años, los mismos que tenía su madre cuando la parió. Es arteterapeuta y defensora de derechos humanos, especialmente los de las mujeres y las personas LGTBI. Nunca se deja por el camino esa última sigla, la I. Nicole es una mujer intersexual.

* * *

—¿Cómo se relacionan el cuerpo, el territorio y la ciudadanía?

La pregunta retumba sesuda entre las paredes del sobrio convento dominico abandonado por las monjas en 1980. Huían de la guerra, como también huyó la mayoría de habitantes de Suchitoto, una ciudad colonial que sabe a muchas historias. Habitada por el pueblo nahua, su nombre significa «lugar del pájaro flor». Los conquistadores españoles se instalaron en ella a principios del siglo XVI y fue donde fundaron la villa de San Salvador. Veinte años después de la firma de los Acuerdos de Paz, esta hermosa ciudad de casas blancas con tejados de teja, rodeada de cerros y embalses, es uno de los principales atractivos turísticos del país. El convento es ahora el Centro de Arte para la Paz, donde se celebra el Encuentro de Mujeres Forjadoras del Desarrollo Local, al que estamos invitadas Nicole, su amiga Wendy —una treintañera corpulenta, lesbiana orgullosa de pelo muy corto y piercing en la ceja— y yo para dinamizar actividades sobre diversidad sexual y de género.

—Bueno, el cuerpo lo relaciono... ¡con lo riiiiiica que estooooy! —contesta Wendy mientras acaricia con desparpajo su silueta redondeada.

La mayoría de participantes son mujeres rurales, salvadoreñas y guatemaltecas de manos recias y gesto humilde, muchas indígenas que hablan español con dificultad. Nuestros prejuicios se tambalean cuando esas mujeres llenan nuestras charlas, ávidas por aprender sobre sexualidad y enterarse de qué es eso del lesbianismo o la transexualidad. En un costado del claustro del convento, Wendy, la más expresiva y carismática, revoluciona a las mujeres explicándoles técnicas para tener orgasmos de escándalo:

—Métanse los dos dedos, muévanlos imitando el gesto de un destornillador mientras se acarician el clítoris con el pulgar y ¡ay, mamacita!

Las mujeres ríen con algo de vergüenza y toman apuntes como locas. Me muero por saber cuántas experimentaron con esos consejos.

Las mujeres, sentadas en semicírculo, están ávidas de saber más sobre lesbianismo y transexualidad, sí, pero todavía no saben —ni ellas ni muchísima gente en todo el mundo— lo que es la intersexualidad. De pie frente a ellas, Nicole resalta alta, robusta y majestuosa. Lleva las cejas depiladas formando un arco que remarca una mirada inteligente y un rictus algo sardónico. Viste como una señorita: vestido palabra de honor por debajo de las rodillas, sandalias plateadas, grandes pendientes. Sujeta con una diadema su melena lacia, que se extiende hacia un busto generoso y redondeado.

Les cuenta, con tono de maestra, que en el mundo hay tantas personas intersexuales como pelirrojas. Les explica que la intersexualidad no es una anomalía, sino una característica humana mucho más común de lo que se cree[1]. «Anteriormente

[1] La profesora de Biología y Estudios de la Mujer de la Universidad de Brown, Anne Fausto-Sterling, define a las personas intersexuales como «aquellas que se salen del molde de lo que se considera macho o hembra». La investigadora desmonta la falacia de un dimorfismo sexual perfecto en el que las mujeres y los hombres presentan claramente diferentes características primarias (genitales, cromosomas) y secundarias (por ejemplo, la cantidad y distribución del vello). Fausto-Sterling advierte en su libro

nos llamaban hermafroditas. La palabra "hermafrodita" viene de la mitología griega. Cuenta la leyenda que el dios Hermes y la diosa Afrodita, tan hermosos, concibieron a un hijo que presentaba las características y la belleza de ambos. Ese mito se ha instalado en el imaginario colectivo, pero en los últimos años se ha extendido "intersexual" como la terminología respetuosa y correcta, ya que no todas las personas intersexuales presentan unos genitales ambiguos[2]».

Las señoras le hacen las dos preguntas estrella: cuál es exactamente su fisionomía y si puede ser madre. Nicole responde con naturalidad: hablar de su cuerpo es su forma de hacer militancia política contra el tabú y la vergüenza.

* * *

«Cuando nací, presenté condiciones que estaban en duda. Había una ambigüedad en mi cuerpo». Han pasado dos años desde que nos conocimos en Suchitoto. Ahora me cuenta su historia por Skype, envuelta en un jersey de lana blanco: el año pasado emigró a Estados Unidos.

En 1979 no había mucho conocimiento sobre la condición intersexual (ahora tampoco, matiza). En ese momento no se practicaban exámenes de ADN, conteos cromosomáticos ni hormonales. No se realizaban ultrasonidos para ver qué

Cuerpos sexuados (2000) de que esa narración pasa por alto la infinita diversidad que caracteriza a las personas: no solo porque existen mujeres velludas y hombres imberbes, sino porque las variaciones de cromosomas, hormonas, gónadas y genitales externos son habituales. Se estima que, sumando a las personas afectadas por alguna variación intersexual, podrían englobar al 1% de la población mundial.

2 Por ejemplo, las personas con el síndrome de insensibilidad a los andrógenos tienen cromosoma XY y genitales masculinos internos, pero su resistencia a las hormonas masculinas hace que sus rasgos físicos sean femeninos, incluida la vulva, por lo que son socializadas como niñas. Estas suelen descubrir su intersexualidad cuando llegan a la pubertad y no les baja la regla.

órganos internos tenían los bebés con genitales considerados ambigüos[3]. Como aún hoy, las autoridades salvadoreñas permitían, en casos como el de Nicole, poner «sexo no determinado» en la partida de nacimiento. Pero su padre se negó a que uno de sus hijos fuera encasillado como diferente. Los médicos decidieron que lo que Nicole tenía entre las piernas se asemejaba más a un pene que a una vulva y esa apreciación determinó toda su infancia y adolescencia. Su familia la inscribió en su partida de nacimiento como varón y así la educó, como varoncito.

Pero cuando nadie miraba, Nicole se probaba los vestidos de su hermana y jugaba con muñecas escondida bajo la mesa. A la edad de tres años su hermano la descubrió con un vestido y la llevó a donde su papá. «Yo soy una niña», dijo alto y claro. «Y entonces, pa' qué te cuento. Me dieron una madriza, que me pasé dos días en cama».

Esa fue la primera de muchas golpizas con las que el padre intentó meterle en cintura para que se hiciera un hombre. El castigo corporal no era nuevo para Nicole. Su papá, un publicista con problemas de neurosis, le pegaba con lo que fuera, «con el cincho y su hebilla, con varas de árbol, con chilillos, les decimos en el país...». No era alcohólico, no era drogadicto, «simple y sencillamente tenía un carácter de las mil chingadas».

[3] Desde 2006, el texto médico internacional *Consensus Statement on Management of Intersex Disorders* emplaza a que un equipo interdisciplinar realice estudios para conocer los cromosomas, las gónadas y hormonas del bebé con genitales ambiguos. Con ese análisis, el propio *Consensus* indica qué síndrome presenta el bebé y qué sexo se recomienda asignar. Esa decisión se basa en estudios de satisfacción: es decir, se asigna al bebé el sexo que más grado de satisfacción ha cosechado en las personas con su mismo síndrome. A partir de ahí se pueden recomendar tratamientos hormonales y cirugía. La Organización Internacional de Intersexuales se opone a las prácticas de asignación sexual por entender que contravienen el derecho de las personas a decidir sobre sus cuerpos e identidades. Abordé este debate en un reportaje titulado «¿Será niño o niña?», con el que fundamos *Pikara Magazine* en 2010.

Su mamá —la misma que estaba dispuesta a clavar un cuchillo al soldado que la acosó— no intervino nunca; ella también creía que así se criaba a un niño, que la identidad de género se podría forzar. Después de esa paliza, Nicole decidió callar, pero siguió poniéndose los vestidos de sus hermanas cuando nadie miraba. «Soy una niña», se repetía.

Dos años después, volvió a estar postrada en una cama, pero esta vez por un accidente: se quebró el fémur derecho. Pasó seis meses acostada y otros seis más de rehabilitación. «Como mis huesos estaban creciendo, corría riesgo de quedar con una pierna más larga que la otra». Se ríe, imaginando la imagen tragicómica. Una tutora le enseñó a leer y a escribir en casa. Tuvo que llevar un yeso blanco que encofraba toda la pierna derecha y la mitad de la pierna izquierda, además de un corsé en el torso. Esa especie de armadura blanca la inmovilizaba y la exponía a quien se quisiera aprovechar de su indefensión. Al maltrato físico de su padre se sumó el abuso sexual por parte de un pariente. «Me hacía tocamientos impropios. Yo no podía hacer nada porque también estaba confundida». En aquellos tiempos no había campañas de prevención del abuso sexual infantil[4].

Cuando pudo incorporarse al colegio, la matricularon en la única escuela que la aceptaba pese a no haber cursado la preparatoria. En tercer grado pudo cambiarse al colegio jesuita en el que su madre se refugió el día de la masacre. La escuela era un entorno duro. Nicole se sabía diferente y eso le complicaba las relaciones sociales, la cohibía a la hora de entablar amistades. Quería jugar con las niñas, pero recelaban de ella, que oficialmente era un niño. «¡Es que vos sos bien

[4] Me pregunto si las personas intersexuales sufrirán mayores índices de abuso sexual infantil. No he encontrado estudios al respecto, pero no me parece una hipótesis descabellada.

raro!», le decían. Los niños tampoco la aceptaban, precisamente porque la veían bien niña. Sus hermanos tenían ocho, diez años más que ella, no querían jugar con una culicagada. Los vecinitos de su colonia también eran mayores. No encajaba en ninguna parte.

En su tiempo libre, Nicole pasaba mucho tiempo en una gruta convertida en templo cristiano. Se sentía bien acompañada por la imagen tamaño natural de la Virgen María y por las aves. El lugar estaba rodeado de árboles que daban un fruto que atraía a los periquitos. Nicole, que tuvo periquitos y canarios desde los cinco años, se sentía feliz entre los pájaros.

Todo cambió cuando, un día, un niño de su clase la encontró en la gruta y le habló:

—¿Y vos por qué pasás tanto tiempo solo?

—Es que a mí no me gusta jugar al *futbol*.

—¿Y a qué te gusta jugar?

—Pues al mica —el juego establecido para las niñas, algo así como el pilla pilla.

— Ah, ya...

«Desde ese momento, no sé, como que le desperté lástima, a saber, y se convirtió en mi mejor amigo». Avalada por esa amistad, el resto de compañeros y compañeras aceptaron a Nicole. Solo sufrió el acoso de un profesor, que la acusaba de «hacer maricón» a su amigo.

* * *

En la piscina, chicos y chicas chapotean, se tiran en bomba y se hacen aguadillas mientras el profesor de gimnasia llama al orden. Entre largo de crol y largo de espalda, observan de reojo las novedades en sus cuerpos púberes. El bañador mojado marca dos bultitos en el pecho a las chicas, uno en la entrepierna a los chicos. Nicole —que todavía no se llama Nicole— no se acerca al agua. Cuando toca clase de educación física, especialmente de natación, le entra tal ansiedad que se pone enferma y vomita. Los profesores han tirado la toalla y le encomiendan otras tareas: cargar pelotas y flotadores, anotar tantos, ayudar con la limpieza. No le importa, prefiere realizar cualquier tarea aburrida a que la gente vea su torso desnudo.

Tiene doce años y no entiende lo que ocurre con su cuerpo. Si nació niño, aunque no se sintiera como tal, ¿no debería asomar la pelusa negra sobre los labios? ¿No debería tener una voz cada vez más profunda salpicada de esos embarazosos gallitos que traicionan al resto de chicos? Si nació niño, ¿por qué sus caderas anchean? ¿Por qué tiene los pezones gorditos si el resto de su cuerpo es bien flaco? No puede preguntar a su familia sobre ese desarrollo inesperado, no conoce la palabra «intersexual», pero se sabe diferente y ha aprendido a golpe de cincho que no puede hablar de ello con su familia.

Su papá enfurece al ver que el cuerpo de su varoncito se rebela contra una identidad de género impuesta. «¡Habla bien, habla como un hombre!», le exige. No puede permitir que a su pequeño le crezcan senos, así que intenta borrarlos a fuego. Calienta monedas, se las pone en los pezones y los aprieta hasta que la grasa brota[5]. Nicole llora de dolor por un castigo que el padre dice imponerle por su bien, para asegurar su hombría.

[5] Nicole habla del «quiebre de pezones» como una práctica habitual en El Salvador contra chavales con las mamas abultadas. He buscado información en Internet sobre esta práctica, y me he quedado ojiplática cuando he encontrado a un *youtuber* que la aconseja para aquellos adolescentes que estén acomplejados por tener los pezones gorditos. Se titula «Cómo eliminar los pezones de hombre 100% sin dinero ni cirugía».

Pero el padre no conoce técnicas de tortura para estrecharle las caderas. De espaldas, su hijo parece una mujercita. Sus violadores vieron en Nicole una mujercita.

Era 1994, Nicole tenía catorce años e iba sola a comprar unos cuadernos bíblicos para hacer la tarea. Dos hombres se bajaron de una camioneta, la agarraron, la subieron al vehículo. Cuando descubrieron sus genitales, la violaron por detrás. Después, la dejaron tirada en una cuneta, cerca de un centro comercial. Se metió al centro comercial «con la ropa vuelta chirapo» y un vigilante le pagó un taxi para que la llevara a casa.

Se acostó sin bañarse. No se tenía en pie. Cuando su hermana la vio, amoratada y con el pelo lleno de hojas y restos de basura, entendió y se lo contó a los papás. Una vez más, ese padre que debió cuidarla la recibió con violencia. «Me vas a decir en este momento quién te hizo esto», le dijo, pero Nicole no sabía. Le pegó otra madriza porque decía que estaba protegiendo a los agresores. Su mamá quería poner una denuncia, pero el papá no la dejó, y la verdad es que Nicole tampoco quería sentirse más expuesta. Prefería olvidar. «Mi papá me hizo un lavado anal, y ya». Desde la pantalla del ordenador, recuerda indignada pero con cierta distancia, como si estuviera contando la terrible historia de una niña que no fue ella.

Ese mismo año fue devastador. Una Nicole deshecha por las torturas, la violación y las golpizas, tuvo que hacer dos duelos. Murió su abuela materna y murió su amiguito querido, el primerito, ese que la encontró en la gruta de la Virgen. Murió de leucemia. «Me convertí en una persona bien encerrada en mi concha», dice como si fuera una metafóra, pero no lo es: después de la violación, su padre le prohibió salir, le prohibió tener amistades. Una vez que un vecino amigo de

Nicole llegó a la casa, cuando el papá lo vio pensó que igual él era el violador y se le echó encima para golpearle. Nicole se puso en medio, gritó a su amigo: «¡Andate, andate!», y aguantó los palos.

Su mamá la mandó a un psiquiatra para procesar el trauma de la violación. ¿Pero cómo sanar esa herida si a cada rato su papá le abría nuevas, si un día casi mató a golpes a su madre y al otro dejó a Nicole empapada en sangre por los azotes con el cincho? Salió corriendo, descalza, y se refugió en la casa de una amiga que vivía a la vuelta. Esta la agarró y la llevó a donde la profesora. «¿Quieres que hablemos con tus papás?», le dijo la maestra. «¡No, es peor, me va a matar!». Entonces la acompañó al instituto salvadoreño de la infancia a poner su primera denuncia. A Nicole se le escapa una risa nerviosa mientras relata este vía crucis, le provoca perplejidad todo lo que pasó tan chiquita.

Fue la gota que colmó el vaso y la madre pidió el divorcio. Su maltratador se negó a pagar la pensión alimentaria. «Hasta en los diarios salió el caso del padre irresponsable y abusivo», recuerda Nicole con amarga ironía. En los juicios por el divorcio se utilizó como arma arrojadiza la orientación sexual de su «pequeño». Por suerte, los peritajes psicológicos sirvieron para diagnosticar la psicosis del padre, y la sentencia le impuso una orden de alejamiento.

La marcha del hombre violento no devolvió la paz a un hogar demasiado acostumbrado a las vejaciones. La hermana la tomó con Nicole: le decía que era un maldito maricón, una vergüenza para la familia, y la echó de casa. La madre, sumida en una depresión, no quiso meterse en el pleito. Una vez más, Nicole no encontraba refugio en su madre y tenía que buscarlo en casa de amigas. Una vecina muy cariñosa —fue quien le contagió el amor por los pájaros— medió con la madre: «No, Vilmita. Búsquela, ¡búsquela! No la puede dejar sola tan chiquita». Regresó a la casa por otros dos años, pero su mamá empezó a golpearla a la menor contestación. En uno de esos manotazos, Nicole le agarró bien fuerte las dos manos y le dijo: «Última vez, no me volvés a pegar».

* * *

En la universidad pudo ser ella misma. Se dejó el pelo largo. Vestía blusas y esas faldas pantalón que se pusieron de moda a finales de los noventa. Su androginia no escandalizaba en la Facultad de Arte, por primera vez se movía en un mundo en el que «cada loco iba como quería». Se dejó crecer la melena porque le gustaba y porque quería donar cabello a una fundación que hacía pelucas para los niños y niñas con cáncer. Lo hizo dos veces, por su amiguito que murió de leucemia. Y ya no se lo volvió a cortar.

Todavía usaba su nombre masculino de nacimiento. Se matriculó en Diseño del Producto Artesanal, una carrera bonita que abarcaba todo tipo de arte manual: cerámica, joyería, muebles, textil… Era inteligente y aplicada, así que en seguida le propusieron trabajar dando talleres de artesanía en comunidades y como traductora de inglés. Con esos primeros trabajos pudo pagarse la universidad y rentar un apartamento. Agarró las jaulas con sus pájaros, la gata y su cama, y dio portazo a la casa en la que había vivido toda una vida de violencia. Comenzó de cero.

Se movía en ambientes bohemios, rodeada de músicos, teatreros, bailarinas y poetas. Participó en un grupo de batucada en el que bailaba samba. En los bares, los tipos la invitaban a tragos pensando que era mujer: «Mándele a la señorita», decían. «A mí no me insultaban por culero, la gente me veía como una chava, pues. Las agresiones que vivía no eran transfóbicas u homofóbicas, sino más bien mucho acoso machista», explica.

En sus años de universidad empezó a tener los primeros novios. Algún amiguito se le había acercado en el instituto, pero a Nicole le parecía casi incestuoso besarse con chicos con los que había jugado media infancia. «Recuerdo una vez que estábamos fumando en el techo de la iglesia, el atardecer, esa escena romántica... El chavo se me empieza a aproximar y le digo: "¡Qué te pasa, pendejo, si sos mi hermano!"», cuenta divertida. Con su primer novio, en la universidad, no le fue muy bien. Nicole no aceptaba su cuerpo. Exigía tener sexo con las luces apagadas y sin quitarse la ropa. De todas formas, esa inhibición sexual tampoco extrañaba mucho a los salvadoreños de aquel entonces. Tiempo después salió durante un año y medio con un alemán bastante progre al que, aun así, le generaba conflicto salir con Nicole; nunca había estado con una mujer trans. «Mis parejas no sabían cómo tratarme. Eran niños heterosexuales, sabían que supuestamente yo era niño, pero me veían como niña. Era una confusión rara».

Esa confusión se disipó cuando salió del país. En Costa Rica, allá donde nadie la conocía, todo el mundo la trataba como mujer y así fue más fácil asumirse como una transexual. Empezó a usar *brassieres* con silicona y acudió a una endocrinóloga dispuesta a tomar hormonas femeninas. Nicole recuerda el inesperado diálogo:

—Doctora, quiero comenzar a tomar hormonas para parecerme más a lo que yo soy.

—Ok, en ese caso te voy a prescribir testosterona.

—¡Pero yo no quiero testosterona!

—¿Y entonces cómo vas a ser hombre sin tomar testosterona?

—Pero..., yo... —imita su desconcierto—, yo quiero hormonas femeninas.

—Permítame un momento... Tú naciste...

—Yo nací varón.

—Ayyyyy, hija linda, perdonáme, perdóname. Pensé que eras niña y que querías transitar a niño... No, mama, te tengo que hacer exámenes.

Los exámenes despejaron las dudas: Nicole tiene cromosomas XXY, ovarios no desarrollados y útero.

Era el año 2005. Nunca había oído hablar ni del XXY ni de las otras 74 variantes que presentan las personas intersexuales. Aún no se había estrenado la película de Lucía Puenzo, *XXY* (2007), en la que Ricardo Darín interpreta al padre de una niña intersexual a la que apoya en su proceso de decidir si quiere seguir tomando hormonas femeninas o dejar que sus rasgos masculinos afloren[6]. La endocrina le explicó que no necesitaba hormonas artificiales y le dio referencias para hacer los cambios estéticos que decidiera. Eligió ponerse unos implantes mamarios. Se acercó a las organizaciones LGTBI, donde conoció a una activista intersexual llamada Francesca; su primer y casi único referente.

Era el momento de decidir un nombre femenino, y entonces se acordó de su familia, a pesar de haber cortado la relación con ella. Recordó que su hermano y su cuñada barajaron Nicole o Valerie cuando esperaban a su primera hija,

[6] Por lo demás, la intersexualidad se suele visibilizar en la cultura popular como algo excéntrico, monstruoso, amenazante o que propicia la mofa (como en el caso de los rumores sobre Lady Gaga, quien los desmintió con humor y con un alegato a favor de la diversidad). La intersexualidad ha sido noticia especialmente en el mundo del deporte, cuando se ha puesto bajo sospecha a mujeres deportistas como la corredora María Patiño en los años ochenta, la atleta Caster Semenya y la yudoca Edinanci Silva ya en el siglo XXI. En el artículo «Vigilando las fronteras del sexo en el deporte», publicado en *Pikara Magazine*, se repasa esta historia de discriminación y ensañamiento mediático.

a la que pensaban matricular en el colegio francés. Finalmente se decidieron por Valeria, en español. Nicole quedaba libre, descubrió que viene del griego y que significa «la que lleva a su pueblo a la victoria», «la que lucha por su pueblo».

* * *

Las guerras nunca empiezan ni terminan en las fechas exactas que afirman los libros de historia. La violencia nunca cesa, si acaso se transforma. La guerra en El Salvador empezó antes de que empezara la guerra y siguió después de que terminara la guerra. Con la firma de los Acuerdos de Paz en 1992, los jóvenes deportados de Estados Unidos empezaron a retornar masivamente y, con ellos, las maras[7]. Los países vecinos, Honduras y Guatemala, vivieron procesos similares. Con el nuevo siglo, un nuevo conflicto, el de los gobiernos contra la delincuencia organizada, convirtió al triángulo norte de Centroamérica en la región con mayores tasas de delincuencia del mundo. En El Salvador

[7] En los años ochenta, la escasez y la violencia política empujaron al pueblo salvadoreño a emigrar a los Estados Unidos. Instalados en grandes ciudades como Los Ángeles, en barrios latinos controlados por pandillas mexicanas, los jóvenes salvadoreños también se organizaron: nacieron la Salvatrucha y Barrio 18. Cuando a finales de los noventa el Gobierno estadounidense inició las deportaciones masivas, continuaron con el tráfico de drogas, los robos, las extorsiones y los asesinatos. El Gobierno salvadoreño convirtió un problema social —el de esos emigrantes retornados que habían aprendido a responder a la exclusión social y a la violencia institucional con más violencia— en un mero asunto de seguridad nacional. Las políticas represivas desencadenaron una guerra entre las maras y las fuerzas de seguridad del Estado. Al partido conservador ARENA la inseguridad le servía para mantenerse en el poder, prometiendo mano dura a una población atemorizada. Las pandillas se convirtieron, además, en un cómodo chivo expiatorio al que atribuir todos los crímenes, incluidos aquellos que no se investigan o que incluso comprometen a la policía. En 2008 se registraron 3179 homicidios, una media de ocho al día en un país de seis millones de habitantes. Del 2008 al 2010 la Policía Nacional Civil recibió 5502 denuncias de delitos relativos a la libertad sexual. Me he basado en un informe de la ONG Interpeace: «Violencia juvenil, maras y pandillas en El Salvador».

—el país más pequeño de América en extensión pero el de mayor densidad geográfica: seis millones y medio de habitantes conviven en 21 000 kilómetros cuadrados— el número de homicidios anuales se duplicó de 2002 a 2006, año en el que se registraron 3928; más de diez muertes violentas al día. Nicole nació el mismo día que estalló la guerra y, cuando regresó a su país, su cuerpo quedó marcado con nuevas cicatrices.

La apacible Costa Rica —al menos en comparación con sus vecinas— ni siquiera tiene ejército. Conocida como la Suiza de Centroamérica, fue un oasis para la gente nica y salvadoreña que huía de los conflictos armados. Nicole se hizo adulta en un país sin militares y, cuando regresó al suyo, más de una década después de la firma de los Acuerdos de Paz, lo encontró completamente militarizado. Un guardia armado vigilaba cada establecimiento y cualquier persona podía hacerse con un arma.

Aunque su vida discurriera lejos de las colonias controladas por las maras, esas en las que los taxistas se negaban a entrar, los asaltos a mano armada se habían extendido por toda la ciudad.

Al mismo tiempo, la mentalidad conservadora no había cambiado. El partido ultraderechista ARENA, nacido para frenar al FMLN, se mantuvo en el poder desde el fin de la guerra hasta el 2009, y sus políticas no promovían precisamente el respeto a la diversidad. «Mi mente ya era otra. Pero en El Salvador yo sí tenía un pasado». Para quienes la conocieron, era un joven que ahora volvía vestido de mujer. Nicole no veía manera de encontrar trabajo, ni siquiera en las organizaciones que confiaron en ella cuando aún era una culicagada. Los gais podían ser tolerados, las mujeres trans jamás. Entonces, se acercó a las oenegés feministas.

En 2007, Nicole tenía 26 años y andaba visitando centros penitenciarios de mujeres junto con una brigada médica, como parte de su activismo por los derechos de las mujeres. Después, fueron a comer a una zona de restaurantes pija pero oscura. Los médicos caminaban adelantados, Nicole los seguía distraída, mirando su teléfono celular. De pronto, sintió que alguien la agarraba. Pensó que era un robo y tiró la cartera. Pero los asaltantes la empezaron a tocar y revivió la escena de la camioneta. Eran cuatro hombres: dos encañonaron a los médicos y los otros dos se dispusieron a violar a Nicole.

«Me dije: Dios mío, cuando estos cabrones se enteren de que mi cuerpo es diferente, esta mierda va a ser peor todavía. "No, cerote[8], te has equivocado, soy un hombre, cerote", les dije. Para mí era una forma de salvarme. Pero no funcionó. Me jodieron una de las prótesis mamarias. Chillé tanto... Uno de los médicos gritó: "No la toqués, llevate el carro" y yo pensé: "Qué hijo de puta tan pendejo, en ese carro me van a llevar". Mi objetivo en ese momento era que me mataran ahí. No quería que me llevarán a otro lugar a que me torturaran. Cuando uno de ellos ya se sacó el pene y quería que le hiciera sexo oral, yo le mordí. "Pues te vas a mamar esta, *hijueputa*", me dijo, y me puso la pistola en la boca. En ese momento, por gracia divina pasaron dos patrullas. Alguien había escuchado los gritos y avisó a la policía. El tipo me dio un vergazo con la pistola que me tumbó los dientes. Me quedé tirada, inconsciente».

Esta vez tampoco denunció. Los médicos la revisaron y la animaron a ir a la policía, pero se negó. No quería que unos

[8] El insulto más habitual entre las y los salvadoreños, similar a «pendejo».

agentes la desnudasen. «Si a las mujeres cisgéneras[9] les hacen todos esos procedimientos asquerosos, ¿cómo me van a tratar a mí? Yo quiero cerrar esto, déjenme en paz». Pasó tres días encerrada en cama, con la única compañía de sus perras y sus pájaros. Cuando decidió salir al mundo, todavía con ataques de pánico, se apoyó en el movimiento feminista y quiso ayudar a otras sobrevivientes de violencia sexual. Se formó en arteterapia y se acercó al activismo trans: «A todo esto yo pensaba que era la única[10], luego vi que parece que caen de los árboles: ¡había un montóóóón! ¡Dios mío, qué chivo!», pensó de entrada. Pero la relación con las trans no fue fácil. A pesar de todo lo que había sufrido, Nicole era de buena familia, había ido a la escuela y había terminado la universidad. Nunca tuvo que ejercer el trabajo sexual[11]. ¿Qué iba a saber ella de la vida, de lo jodido que es ser trans en El Salvador?, le reprochaban. Tardó dos años en ganarse su confianza, pero ahora son sus «hermanas».

En 2010 fundaron el colectivo Alejandría, una organización dedicada a promover el acceso del colectivo LGTBI, pero especialmente de las personas trans, a la educación formal y la formación profesional. El activismo gay y trans estaba

[9] El colectivo trans denomina «cisgénero» a las personas en las que concuerda el género asignado al nacer con la identidad de género sentida.

[10] Aunque Nicole ahora conozca su condición intersexual, sigue incluyéndose en el colectivo de las trans, porque haber sido criada como niño la obligó a transitar de hombre a mujer.

[11] El 69,4% de las trans salvadoreñas encuestadas para un estudio del USAID habían ejercido el trabajo sexual en los anteriores seis meses. Las participantes declararon unos ingresos promedio de 269 dólares mensuales. El estudio refleja unos indicadores de salud y discriminación muy preocupantes: el 38% había tenido pensamientos e intentos suicidas. En el trimestre anterior a la encuesta, el 77% había recibido insultos, el 24% había sufrido abuso físico y el 39% había sido rechazada o despedida de un empleo por su identidad sexual. La gran mayoría de entrevistadas había sido violada alguna vez, ya fuera por conocidos o desconocidos (especialmente ejerciendo el trabajo sexual, en contextos migratorios o caminando solas por la calle).

volcado en la prevención del VIH, pero Nicole consideraba que el sida no era el problema, sino la consecuencia de la marginalidad a la que abocaba la transfobia. Y la marginalidad empezaba cuando las trans eran expulsadas de las familias y de las escuelas.

En paralelo, comenzó a investigar sobre la intersexualidad en El Salvador. Ella no podía ser la única. Se encontró con que, solo en el hospital de maternidad de San Salvador, cada año se documentaban 40 nacimientos registrados como «sexo indefinido»[12]. Conoció a dos niñas intersexuales. La historia de una de ellas era muy similar a la suya: cuando nació decidieron que sería niño, pero en la pubertad empezó a desarrollar caracteres femeninos. Y ella se identificaba como una niña. A la otra niña la localizó en un orfanato de monjas. En ese momento tenía siete u ocho años y sus parientes la habían abandonado precisamente porque no aceptaban su condición intersexual. En su caso sí que se identificaba con el género asignado: había crecido como niña y su identidad era femenina.

Las monjas no eran precisamente misericordiosas con esa niña, pero Nicole frenó su maltrato apelando a argumentos religiosos: todas las criaturas somos hijas de Dios, que es perfecto y en sus creaciones no puede haber nada sucio, raro

[12] Encuentro en YouTube un reportaje sobre intersexualidad en El Salvador realizado por el *Noticiero Hechos*, del Canal 12, en el que las autoridades de salud afirman que, de cada 10 000 nacimientos, cinco son registrados como sexo indeterminado por haber nacido con genitales ambiguos. En 2012 catalogaron 48 casos registrados como sexo indefinido. Hasta el momento no hay políticas públicas dedicadas a salvaguardar los derechos de las personas intersexuales. Carla Guevara, del colectivo Alejandría, reclama que los médicos orienten mejor a los padres para que tomen una decisión informada sobre la identidad de género y los cambios corporales del bebé. Un médico explica que hay protocolos sobre intersexualidad en el hospital de maternidad público, pero no hay una política nacional que involucre a las clínicas privadas y que llegue a las parteras de las áreas rurales.

o demoníaco. Tenían que apoyar a la niña porque el deber cristiano es presentar compasión, entendida como un acto de amor. «Creo que sirvió».

* * *

«Esas criaturas tienen que tener quien las defienda. Las recién nacidas y las que aún no han nacido». Ernesto Angulo, diputado de ARENA, presidente de la Comisión de Justicia y Derechos Humanos de la Asamblea Legislativa, no se refería con estas palabras a la defensa de los bebés con intersexualidad, no. Se refería a los embriones de las mujeres encarceladas por haber abortado. El Salvador es uno de los cinco países del mundo que penaliza completamente la interrupción voluntaria del embarazo[13], debido a una reforma del Código Penal que impone penas de hasta ocho años. Por si fuera poco, los sectores fundamentalistas religiosos presionaron también para lograr la reforma del artículo 1 de la Constitución, que ahora insta al Estado salvadoreño a salvaguardar la vida de toda persona desde el momento de la concepción. Ese enunciado ha permitido que las mujeres que interrumpen su embarazo (ya sea de forma voluntaria o espontánea) sean acusadas y juzgadas por homicidio. Al menos diecisiete mujeres que habían acudido al hospital con complicaciones obstétricas han sido encarceladas por homicidio agravado[14].

[13] Los otros son la Ciudad del Vaticano, Malta, Nicaragua y la República Dominicana. En marzo de 2016 el Gobierno chileno de Michelle Bachelet despenalizó parcialmente el aborto, aceptando tres causales (peligro de la vida de la madre, malformación del feto y violación).

[14] Están saliendo de la cárcel con cuentagotas gracias a los movimientos feministas y por los derechos humanos a través de la campaña Las17, apoyada por organizaciones como Amnistía Internacional.

Angulo pronunció esa frase en la Asamblea Legislativa como argumento en contra del indulto a Guadalupe, una joven condenada a 30 años de cárcel bajo acusación de haber matado a su bebé[15]. Los varones, los más volcados en la discusión (solo dos mujeres pidieron la palabra, ambas para apoyar el indulto), iniciaban sus intervenciones con expresiones como «es una bendición de Dios cuando nace un ser». La diputada del FMLN, Lorena Peña, fue la única que se desmarcó de ese tono y señaló el contraste entre la persecución a las mujeres y la impunidad en otros ámbitos: «Luchemos porque los narcotraficantes y los corruptos vayan a la cárcel, no nos ensañemos con la gente humilde que no tiene arresto domiciliario, que paga con doce años de cárcel un delito que no ha cometido», emplazó.

La presión del fundamentalismo religioso también obstaculiza el reconocimiento a la diversidad sexual. En abril de 2015, la Asamblea Legislativa aprobó (con la abstención del FMLN) una reforma de la Constitución para que se defina el matrimonio como «la unión entre un hombre y una mujer así nacidos», como manera de vetar tanto el matrimonio entre homosexuales como la posibilidad de que las personas trans se casen. En un país en el que, debido a la guerra y la emigración

[15] La historia de Guadalupe es horrible: empleada doméstica de dieciocho años, quedó embarazada como resultado de una violación y ni ella ni su patrona se dieron cuenta de su estado hasta que se puso de parto, ya que no le creció el vientre. Dio a luz sola, de madrugada, en el cuartucho sin electricidad en el que vivía dentro de la casa en la que trabajaba por 80 dólares al mes, y asegura que el bebé nació sin vida. Asustada ante un parto inesperado y con miedo a perder el trabajo, no pidió ayuda, ocultó lo ocurrido e intentó seguir trabajando, pero su jefa la llevó al hospital cuando observó que la joven tenía una fuerte hemorragia que no paraba. El personal sanitario la denunció a la policía por aborto, fue interrogada sin asistencia jurídica mientras estaba hospitalizada y finalmente fue condenada a 30 años de cárcel por homicidio agravado (debido al grado de parentesco), pese a que en la autopsia no se determinó la causa de la muerte del recién nacido. Finalmente la Asamblea Legislativa aprobó concederle el indulto.

masiva, el 45% de las familias son monoparentales, de mujeres solas, los políticos conservadores siguen llamando a proteger la familia tradicional de padre y madre[16].

Las asociaciones llevan desde 2010 empujando la aprobación de una ley de identidad de género, pero su desarrollo es lento. Mientras tanto, las personas trans siguen teniendo que presentar —cuando buscan trabajo, van al médico, a juicio o cruzan una frontera— un documento de identidad con un nombre y un sexo con el que no se identifican[17].

Nicole no cree en esa Iglesia que discrimina, pero cree en Dios. No siente contradicción alguna. Ella asocia el cristianismo con la teología de la liberación que aprendió de niña en el colegio jesuita y con la defensa de los derechos humanos que encarnaba el monseñor Romero, el arzobispo de los pobres asesinado en 1980 mientras oficiaba una misa en San Salvador[18]. «En mi colegio no obligaban a ir a misa o a rezar. Estimulaban una espiritualidad más libre, la religión entendida no como doctrina represora, sino como una forma de comunicación con un Dios que ama a todas las personas».

La Nicole adulta se alejó un tiempo de la Iglesia, aunque mantuvo una espiritualidad fuerte. Cuando empezó a militar en el movimiento LGTBI se dio cuenta del sufrimiento que provocaba en muchas de sus compañeras y compañeros el

[16] Leo ese argumento a un activista gay, William Hernández es el director de la Asociación entre Amigos, en una entrevista publicada en *La Página*.

[17] El informe de USAID incluye testimonios como estos: «Muchas veces, incluso, no tenemos el DUI e incluso ni siquiera lo renovamos… porque, precisamente, no nos sentimos identificadas con el documento de identidad, porque no tenemos una ley del nombre». «Yo pasé una experiencia de discriminación hace poco. Yo fui a Guatemala, y cuando yo presenté mi DUI, cuando yo ya venía de regreso para El Salvador, el chico que está ahí se me quedó viendo y llamó a su otro compañero como burlándose».

[18] Paradojas de la vida: el partido ARENA, ese que condena el aborto apelando a argumentos religiosos, fue fundado por Roberto d'Aubuisson, el creador de los escuadrones de la muerte que ordenó asesinar al obispo.

discurso de odio que fomentaba la jerarquía eclesiástica, incluidos exabruptos de curas homofóbicos que sostenían que está bien que se mate a los gais, las lesbianas y las trans porque ni Dios los quiere. «Históricamente, la Iglesia ha sido una mierda. Nos ha llamado "aberración", "perversos", "demonios"». Nicole conocía bien la Biblia y sabía que son contados los versículos del Antiguo Testamento que maldicen las relaciones entre hombres. Sabía también que la Biblia no mencionaba a lesbianas ni a trans. Nunca se sintió despreciada o inferior a los ojos de Dios.

Con los años se acercó a la Iglesia anglicana, más progresista, e impulsó, con el apoyo del cura, un grupo de oración que reunía a las personas LGTBI, sus familiares, amistades y otras personas aliadas. En ese grupo, Nicole ha hablado de su intersexualidad y ha concienciado a sus integrantes sobre el respeto a la diversidad.

La religión facilitó también la reconciliación con su propia madre. Diez años después de irse de la casa familiar, retomó el contacto con ella y le propuso que fueran juntas a la Iglesia anglicana. «Nuestras sociedades culpan a los padres de que los hijos sean sexualmente diversos. Mi mamá, criada con el fundamentalismo católico, se sintió abrazada por la Iglesia anglicana».

Ese Dios que respeta y ama a todas las personas sigue siendo un pilar importante para Nicole.

«Mi sólida espiritualidad me ayuda en momentos de flaqueza, la fe me mantiene en movimiento. La fe y mis animalitos».

* * *

Mi abuelita decía que cuando un animalito de la casa moría sin razón aparente, sin saberse por qué…, era porque ellos se sacrificaban para evitarle algún mal a alguien de la familia..., como un nahual... Tres semanas le tomó a la muerte robarte el aliento... y yo sin saber nada, pero te sentía, estaba desesperada por traerte conmigo..., yo sin poder cuidarte... En realidad pensaba que vos me ibas a enterrar a mí, siempre lo dije y ya ves..., no me esperaste..., ya no te volví a ver..., ahora serás una brisa en mi hombro..., ahora ya estás en la sombrita del mango, y el domingo que te fuiste..., sin saberlo yo fui a un bosque y espero que estés en un lugar así de bonito, cantando tu aleluya, riéndote a carcajadas y que un día me ayudes a cruzar el río de sangre y me des la patita, te trepes a mi hombro, me mordás el pelo y me des piquitos, mi niña linda... Gracias por la alegría y los años juntas..., aunque ahorita me dueles mucho :(

Tita 2006 - 8 de mayo 2016.

Es mayo de 2016 y me entero por Facebook de la muerte de Tita, la lora de Nicole, a la que despide publicando en su muro dos fotos. La de la izquierda es un retrato contrapicado que acentúa su porte señorial. Lleva un vestido de flores cubierto por una *pashmina* celeste y el pelo recogido sobre el hombro derecho. En el hombro izquierdo, Tita parece susurrarle confidencias al oído. La foto de la derecha muestra un bosque de coníferas.

Cuando migró a los Estados Unidos, solo pudo llevarse con ella a su perrita yorkshire. Dejó con su madre al resto de mascotas: Tita, otros pajaritos y una gata de dieciocho años. Las extraña, pero le gusta que sus animalitos hagan compañía a su mamá.

A Nicole le duele la muerte de su lorita y le duele seguir de lejos el conteo incesante de muertes violentas. Ella es una de las 60 activistas trans que huyeron del país entre 2014 y 2015 tras haber recibido amenazas, hostigamiento y ataques por parte de policías y pandilleros. Un mes después de su partida, una compañera del colectivo Alejandría, Francela Méndez, apareció asesinada por unos desconocidos en Sonsonate, un municipio a 80 kilómetros de la capital, en casa de una amiga a la que también mataron. Francela era la décima mujer trans asesinada en ese semestre. Los asesinos actúan con saña, mutilando, torturando y cosiendo a balazos a las víctimas en sus propias casas[19].

Unas semanas después de la muerte de Tita y de nuestra primera plática por Skype, Nicole aprovecha la poca afluencia de clientela en el restaurante latino en el que trabaja, en una ciudad de la Costa este, para continuar contándome su historia. El wifi anda mal, así que hablamos mediante una llamada de WhatsApp. «Fue providencial porque coincidió que yo tenía visa estadounidense cuando se puso color de hormiga la cosa». Me pregunto cuál es el color de hormiga en un país tan acostumbrado a los baños de sangre.

En El Salvador no hay tregua: en 2015 el Gobierno del FMLN anunció el fin del diálogo con las pandillas, iniciado en 2012. En cuestión de meses, este diminuto país superó a Honduras como el más violento del mundo con una cifra inédita: más de 5000 asesinatos. Unas muertes cuentan más que otras. Los colectivos LGTBI denuncian que todos los crímenes de odio relacionados con la orientación sexual o la identidad de género están quedando impunes por la falta de

[19] Lo cuenta Karla Avelar, activista de la organización COMCAVIS Trans, en un estremecedor testimonio recogido por Amnistía Internacional y publicado en el blog *Planeta Futuro* de *El País*: «Tengo miedo constantemente». Ella misma fue víctima de un secuestro en el centro de El Salvador: unos hombres la metieron a la fuerza en un carro, revisaron su teléfono y le quitaron la documentación. Dice: «Cuando presentamos una denuncia, las autoridades se rieron de nosotras. En general, ignoran nuestras denuncias o, en algunos pocos casos, sugieren ponernos acompañamiento policial. Pero andar con un policía sería aún más peligroso. Quienes nos atacan vendrían a matarnos a nosotras y al policía».

investigaciones de oficio y que ese desinterés da carta blanca para acometer nuevos asesinatos[20].

Nicole me cuenta con enojo que, un año después, la investigación sobre el asesinato de Francela no avanza. «Bueno, siempre dicen que siguen investigando el caso, pero no tienen nada concreto. Hay bastante posibilidad de que la policía esté involucrada. Las autoridades generalmente le echan el muerto a las pandillas, pero también hay agentes implicados en estos crímenes. Y el odio es colectivo, vea, la población en general no condena, celebra». El 21 de mayo de 2016, una transexual llamada Toñita fue asesinada horas después de participar en la marcha contra la discriminación LGTBI.

Nicole asiste en la distancia al recrudecimiento de la violencia generalizada y de la represión contra los colectivos feministas y LGTBI. Su amiga Wendy, la que revolucionaba a las señoras en Suchitoto, le cuenta que la policía está reprimiendo sus manifestaciones con una agresividad que no aplica contra los sindicalistas o los desmovilizados; una agresividad que huele a misoginia y homofobia. «Sufrimos violencia institucionalizada, violencia de Estado. Así es el país, Jun —suspira, pero en seguida espanta la autocompasión—. Es la vida que nos tocó, y hay que jinetearla», zanja.

Pero no siente rencor hacia su país. Se le ilumina la voz cuando habla de lo colorido y alegre que es su pueblo, cuando se recuerda a ella y a otros niños y niñas jugando al escondite en la calle en plena guerra. En Estados Unidos le falta el bullicio del centro de San Salvador, que nunca duerme; le falta el sonido de las carcajadas y el sabor de las pupusas;

[20] De nuevo, Lorena Peña, la diputada del FMLN que defendió el indulto de Guadalupe (en 2015 presidía la Asamblea Legislativa), se distinguió con su condena del asesinato de Francela como «un acto de odio a la diversidad y de intransigencia, de fanatismo patriarcal».

le falta ir al mercado a comprar verduras y que las artesanas le expliquen sus técnicas ancestrales; le falta la alegría de un pueblo que añora la paz aunque realmente no la conozca. «Yo no pertenezco a este lugar, yo habito este lugar porque es el que me ha permitido sobrevivir».

Sí, en Estados Unidos se siente a salvo y ha podido formalizar por fin su transición. La ley de identidad de género permite que también los residentes temporales puedan cambiar su nombre y sexo de los documentos oficiales. «Yo fui a la corte, con un juez y todo. Fue lindo. En mi país yo no existía. Pensé que iba a morir y me iban a enterrar con un nombre que no me representaba».

Por ahora, el racismo tampoco le ha golpeado mucho. Solo recuerda un incidente: estaba en el restaurante atendiendo a unos colombianos, en español, y otro cliente pensó que estaban hablando sobre él. «Te voy a violar, maldita perra inmigrante», le espetó. Era un hombre afrodescendiente, porque el racismo no es patrimonio del gringo blanco, reconoce Nicole. Eso sí, mientras la población negra y latina se discrimina mutuamente, los racistas blancos son más generosos: excluyen a todo el mundo.

Intentamos terminar la conversación en un tono más alegre, pero no hay demasiados motivos para la esperanza, tampoco en mi tierra. Es noche electoral en España y el Partido Popular —el partido de la corrupción, de la austeridad, el que legisla contra el aborto y frena el reconocimiento de la diversidad sexual— vuelve a ganar las elecciones, mejorando los resultados respecto a los comicios de diciembre. Mientras tanto, en Estados Unidos, «ese pendejo de Donald Trump» se confirma como el candidato republicano, comentamos.

Al menos, Nicole sabe que con esta entrevista está dando la batalla contra el olvido. En El Salvador no hay nada escrito sobre la memoria de las personas LGTBI, pero ahora, si algo le ocurre, su voz no se perderá entre las muertes anónimas: quedará en estas páginas. «Contar mi historia es una manera de honrar mi vida. La gente sabrá que hubo una tal Nicole que luchó por la diversidad sexual y contra la violencia; que luchó por su pueblo».

9

EL AJERO

Si quieres probar los mejores ajos de Bilbao, los más hermosos, los más sabrosos, busca a Julio frente al mercado de la Ribera. Por un euro, tres cabezas de ajo bien gordas. Nada que ver, dice Julio, con los que venden los paquistaníes de la esquina, que más que dientes parecen uñas de gato. Como buen vendedor y como buen bilbaíno —nacido en Belorado, Burgos—, Julio sabe vender su producto.

A sus 86 años, Julio sigue vendiendo ajos en los arcos de la calle Ribera, junto a la pescadería por la que se entra a Artekale, una de las siete calles en las que nació el Casco Viejo. Su género es modesto, pero las vistas son megalómanas: justo enfrente de él se levanta el mercado de la Ribera, una mole fanfarrona de más de 10 000 metros cuadrados de superficie. La pasión comercial de este rincón viene de lejos, al menos desde el siglo XIV. Ese primer mercado caótico —encontronazo de comerciantes a orillas de la ría, junto a la iglesia de San Antón— empezó a coger forma a mediados del siglo XIX, cuando se instalaron tejavanas para proteger los puestos del xirimiri. En 1929 se inauguró el moderno edificio de hormigón sobre el que todavía hoy se erige el mercado. El edificio salió indemne de la guerra y sufrió desperfectos en las inundaciones de 1983. Con el nuevo siglo, el mercado ha mudado de piel: la pintura amarilla original fue sustituida por el rojo marca Bilbao; las escaleras mecánicas y las grandes cristaleras tintadas que le dan aires de centro comercial. Los bajos que alojaban las pescaderías se han reconvertido en un sofisticado *jazz-bar* con terraza en el que te puedes tomar un *brunch* por quince euros.

El mercado ya no es mercado, ya no es plaza popular, ahora es «un escaparate generador de turismo», en palabras de la empresa que gestiona la zona de gastrobares que, al estilo del Mercado de San Antón de Chueca (Madrid), comparten la primera planta con los puestos de pescaderías, carnicerías y fruterías de toda la vida. Parece haber funcionado porque ahora la clientela tradicional se roza por los pasillos con guiris de bermudas y cámara al cuello que, después, se apilarán para fotografiar la casita de titanio de Puppy, el perrito-arbusto de Jeff Koons. Costó trabajo romper el desempate entre los comerciantes: donde la mitad veía una modernización necesaria, la otra mitad rechazaba una obra faraónica injustificada. Finalmente, el Ayuntamiento tomó las riendas e impulsó la reforma, con una inversión de 21 millones de euros.

—Lo han dejado muy fino —concede Julio—, pero yo soy de lo de antes. Una plaza es una plaza: las pescaderías, las cajas por el medio, las carretillas.

Julio parece un anciano corriente: jersey fino, camisa de cuadros, pantalones de pana, pelo blanco cortado al cepillo, cejas desplumadas, ojos acuosos que han sobrevivido a tres operaciones de cataratas. Es un vendendor de los de antes. También es un mariquita de los de antes.

—Aquí estoy, haciendo la esquina. ¡Hacer la esquina siempre ha sido lo mío!

Si yo fuera una bilbaína de pura cepa, sabría que Julio, el ajero, es un personaje muy conocido en el Casco Viejo, al menos en el «ambiente». A Tere le extraña que yo no haya escuchado hablar de él. En los catorce años que llevo viviendo en Bilbao, rara vez he cumplido con el buen propósito de ir a comprar el pescado y las verduras al mercado, me excuso. Ella —Teresa Maldonado, militante feminista— ha visto mil veces a Julio vendiendo ajos en el mercado, y le ha servido mil potes cuando trabajaba en el Txiriboga, esa taberna del Casco Viejo famosa por sus croquetas y por cómo las canta, anuncia, advierte —«¡¡¡Cocreeeetas!!!»— su dueño desde la barra. Hace poco, Tere vio a Julio por el mercado, su acompañante le contó que roza los 90 años y que vive en una residencia de ancianos. Pensó que alguien tenía que entrevistarle antes de que muriera. Y aquí estamos.

Tere le dice que soy periodista y le tira de la lengua. Le interesa mucho que Julio cuente cómo era ser marica en los sesenta y en los setenta, en plena época de la ley franquista de vagos y maleantes, ley de peligrosidad social después. Pero Julio no es de esas personas a las que puedes sentar una mañana entera delante de una grabadora respondiendo a un listado de preguntas. El ajero no tiene ni tiempo ni paciencia para entrevistas. Dice que está muy ocupado, porque a las mañanas vende ajos y por las tardes los limpia en un almacén. En la residencia, con las monjas al acecho, no podría contar tranquilo sus batallas de juventud.

Julio es nervioso, desbordante, eléctrico, malhablado y deslenguado. Habla atropelladamente: mezcla tiempos verbales y personas gramaticales; se come palabras y las sustituye por onomatopeyas y aspavientos. Su voz, ronca por la edad, es atiplada, con pluma y acento bilbaíno que se recrea en las erres. Cuesta seguirle mientras salta con buen humor de historia en historia, de recuerdo en recuerdo, de cotilleo en cotilleo.

***

El mundo viejo de Julio es un Bilbao canalla de putas, travestis y putas travestis. Es el Bilbao del club Gato Negro, donde las chicas tenían habitaciones y «la gente sabía», y donde se ganaba mucho dinero cuando Julio era un crío. Es el Bilbao de las travestis jóvenes que se iban a la cama con severos padres de familia; es el Bilbao de la prostitución gay, que Julio no juzga pero nunca pudo ejercer: «Yo sé cómo soy. Porque tienes que ir con dos que están bien y con cuatro u ocho que no te gustan. Tienes que valer». Es el Bilbao regido por leyes franquistas que defendían la reclusión de homosexuales en campos de trabajo o psiquiátricos y la aplicación de tratamientos de choque y descargas eléctricas[1].

Eran tiempos en los que el policía de turno un día te llevaba a comisaría por marica y al día siguiente al monte Artxanda a echar uno rápido, cuenta Julio. Cuando veían a varios maricas en grupo, los agentes les metían en el calabozo y les soltaban a la mañana siguiente sin mayor explicación: «A las hijas de la vida, a las pobres, las corrían. A nosotros, si

[1] Aunque por lo general más invisibilizadas, las lesbianas y los que hoy consideraríamos transexuales masculinos también toparon con la represión y la criminalización franquista. En 'Por un chato de vino: Historias de travestismo y masculinidad femenina' (Ed. Bellaterra), Lucas Platero cuenta la historia de M.E., a partir de la información que ha encontrado en archivos policiales y judiciales. Estaba bebiendo en un bar cuando la Guardia Civil adivinó curvas femeninas bajo su vestimenta de hombre. El juez de Vagos y Maleantes escribió: «Fue detenida (…) en actitud sospechosa y vestida de hombre. (…) Dice que se viste de hombre para así poder engañar a las mujeres hacia las que siente una irresistible inclinación».

estábamos cuatro o cinco hablando, ji, ji, ja, ja... Llegaba el coche, aparcaba: "¡Documentación!". Yo no llevaba carné. "¡A comisaría!". A mediodía nos mandaron para casa. Nos encerraban por nada. No había derecho. Ya quedabas fichado sin hacer nada. ¡No, no, no y no!».

Es el Bilbao de los viejos comercios del Casco Viejo que Julio se conoce al dedillo: las pescaderías, sastrerías y zapaterías que resisten a la invasión de las multinacionales de la moda y la hostelería, las tiendas de souvenirs y los comercios hipster.

«Ahí hay dos tiendas, una en esa calle que da a la fuente vende camisas para gente mayor, y se las compraba porque las tenía majísimas. En la esquina hay otra que tiene ropa de niño y también de mayores, pero ¡muérete!, muy cara. Yo siempre he vestido muy bien. ¡Baaah! He vestido en las mejores tiendas. Cuando se llevaba el traje, con traje. ¡¡¡Uuuh!!! Impecable. ¡Y ahora te pones un pantalón roto y vas bien!».

El Bilbao de Julio es también el del fin del franquismo y el comienzo de los nuevos tiempos: la despenalización de la homosexualidad y el surgimiento del activismo LGTB. En fiestas de 1979, José Antonio Nielfa, alias la Otxoa[2], uno de los personajes más emblemáticos de la farándula bilbaína, se enfundó en una minifalda y cantó:

> Libérate,
> ser mariquita no es un delito, no lo calles, lanza el grito
> si estás vivo y no estás muerto, dale gusto ya a tu cuerpo,

[2] En una entrevista en vídeo en *elcorreo.com* («La verdadera vida de la Otxoa»), cuenta con mucha gracia esa vez que terminó en un calabozo: «La policía irrumpió en un bar al grito de "¡El que no sea maricón que levante el dedo!". Levantamos el dedo todos, pero nos llevaron a todos, como a 300 o 400 personas. Mis padres dijeron: "¿Qué ha hecho mi hijo?". "Está por homosexual". Mis padres pensaban que homosexual era un plato combinado de un restaurante del Casco Viejo. Lo peor es ver a tus padres detrás de unas rejas y decirles tú que no has hecho nada».

lleva al aire tu pancarta, no lo quieras ocultar,
y que un mal rayo le parta a quien no quiera tragar.
Libérate…
No vivas más oprimido, busca tu felicidad, que aunque alguno te critique
el que lo prueba, repite, yo no sé por qué será…

—¿Y con la Otxoa qué tal te entendías, Julio?

—¿Con la Otxoa? Ja, ja, ja, ja. Qué puta es la Otxoa. Hizo mucho por todas nosotras con su «Libérate», pero ahora solo mira por él.

Julio solo se travistió una vez: «Aquí, en esta calle, había una tienda de mujeres, me conocían las chicas. Dije: "¡Guapas! Vengo a por una cosa. Pues mira, me voy a vestir en carnaval. Tengo ese gusto, a ver lo que siento". Compré un vestido negro sin mangas, una peluquera me dejó una peluca y me la peinó, me maquilló, me afeité las piernas. Le dije: "No me peines como una putona". Me metí al bar de las travestis y cuando me vieron: "Ay, ¡pero si es la ajera!"».

El Bilbao de Julio es el del *cruising* en Artxanda y es reirse incluso de cuando uno de sus amantes ocasionales le robó todo y le dejó ahí desnudo. En una sociedad que obligaba a mantener encuentros homosexuales en la clandestinidad, en playas, cines, aparcamientos, urinarios y parques, los gais se exponían a los asaltos de delincuentes que se hacían pasar por amantes para robarles todo[3].

«El Arenal era mi vida, cuando era un aparcamiento. También iba a Algorta, hay una playa que ahora está mucho mejor, antes subía la marea y no podías pasar. Ahora

[3] Lo explica Álvaro Corazón Rural en su artículo «Gais, lesbianas y transgénero durante el franquismo», publicado en *Jot Down*.

hay muchos pescadores, en cada roca hay uno. Y antes, nosotros, pues así. Ahí iban la mayoría, los de los pueblos, sabían que ay, ay, ay. Y si le ibas a uno o tú a él, pues hacíamos algo. Y ya está».

Las batallitas sexuales son cosa del pasado, se lamenta Julio: «Ya no me funciona el pajarito».

* * *

Desde que le puse cara, le veo por todas partes y casi siempre está charlando animosamente con alguna señora, con el bastón en una mano y la bolsa de plástico colgando de la muñeca. Ahora yo también le saludo:

—¿Cómo estás, Julio?

—¡Uh! Jodido. ¡Jodido pero contento!

Ya nos advirtió el conserje de la residencia de ancianos en la que vive que el ajero no para quieto. Está bien de salud y no es carne de asilo. Para muchas personas LGTB ancianas, vivir en un geriátrico (más si es católico) supone volver a meterse en el armario. Por eso, en ciudades como Madrid y Málaga se han montado residencias para mayores LGTB. Él no disimula la pluma ni con las monjas, pero no parece que le caigan muy simpáticas, especialmente una de la que siempre despotrica:

—Qué desagradecida y qué zorra es, me ha robado tantas cosas… Me compré un niqui de cocodrilo [Lacoste], que vale 80 euros, y desapareció. Le digo que necesito unas sandalias cómodas y no me hace caso. Cualquier día me echan porque le contesto.

Me pregunto si será sor Feli, la monja de unos 60 años y hábito azul que bajó hecha una furia mientras Tere y yo preguntábamos por el ajero en recepción, en nuestro primer fallido intento de entrevistarle. «¡Pero que no hace falta llamar tanto, coño, que ando por aquí abajo!».

Después de conocerle, pruebo a teclear «Julio el ajero Bilbao» en Google. Confío en encontrar el reportaje que, según me dijo en nuestro primero encuentro, le hizo una joven periodista para *El Correo*. El único resultado me lleva al blog de la residencia de la tercera edad en la que vive. En la sección Historias hay vídeos de un minuto en los que ancianas como Blanca, de 104 años, cuenta con humor lo mucho que le gustan el fútbol y los toros; o Ángel, de 76 años, que recuerda sus tiempos de marinero; o Lucía, que recorrió Europa en Vespa con su marido, en 1960.

También aparece Julio, que mira a cámara, presume de ser bueno y trabajador, y cuenta con desparpajo que los guardias lo han corrido mucho por vender junto al mercado sin licencia. «A mí la calle me va, soy un perrrrro de la calle». Al final del vídeo, Julio dice: «Oye, me habéis preguntado si soy casado o soltero». De repente, su voz se interrumpe. La pantalla se funde a negro y el vídeo se acaba. Apostaría un kilo de ajos a que lo que dijo a continuación, lo que las religiosas censuraron, fue: «¡Yo lo que soy es maricón!».

* * *

La calle San Francisco huele a la carne fresca de las carnicerías *halal* y a la laca de las peluquerías africanas. Junto a ellas, un estudio de arquitectura y un espacio de *coworking* que no huelen a nada. La mitad de los vehículos aparcados son furgonetas de pequeños comerciantes. Los letreros de los comercios suenan a muchos acentos: Locutorio Fátima, Euro Bangla Ciber Café, Productos de Estética Africana Aicha y el Berebar, ese restaurante *amazigh*, icono de la joven multiculturalidad bilbaína, al que Fermin Muguruza dedicó una canción. Una joven con pantalones bombachos y sandalias de cuero pasea en una bicicleta *vintage*. Tres coches después, un señor ¿pakistaní?, ¿de Bangladesh tal vez?, conduce una bici marca Decathlon. Junto a la tienda de una asociación de ayuda contra la drogadicción, un anciano sentado en su andador sigue con la mirada a una patrulla de la Ertzaintza. Son las diez de la mañana y gente con pinta de ir tarde al trabajo adelanta a una viejilla con muleta que arrastra con esfuerzo el carrito de la compra. Juego a adivinar nacionalidades: ¿esa joven será china o coreana?, ¿y este chico alto, senegalés o guineano?, ¿y el cartero será vasco, andaluz o de Burgos como Julio? Hablando de Julio, adivino su pelo cepillo: acelero el paso y alcanzo al ajero, que camina con el bastón en una mano y la bolsa de ajos en la muñeca.

—Hace calor, ¿eh, Julio?

—Sí, qué bien te veo, maja, toda desnuda —me espeta socarrón, escrutando mi vestido playero.

Él viste como siempre: camisa de cuadros de manga corta sobre camiseta interior de algodón y pantalón largo…, pero hoy lleva unas sandalias de tiras negras, muy cómodas.

—Me las compré en La Palma, son muy buenas. Tienen más de siete años. Te cuesta, pero luego vas más majo y te dura tres años o cuatro. Yo tengo niquis de cocodrilo. Me gusta estar majo. Mira mis pies. Yo mismo me sigo cortando las uñas.

Sus pies son dignos de admiración, la verdad. No son pies de anciano. Lleva las uñas cortadas con esmero, tiene la piel lisa y bronceada, y no hay rastro de juanetes. A Julio le saca de quicio la visión de un puñado de viejos y viejas marchitándose en la residencia. Gente que está bastante mejor de salud que él le pide a las monjas que le corten las uñas. Él quiere ser lo más autónomo posible.

—Mira mi mano —señala un arañazo—, me hice esto con las tijeras, ¡zras!, porque no veo bien.

Julio y yo caminamos en la misma dirección. Para ir de la residencia al mercado, recorre media calle de San Francisco, baja por Bailén y callejea por Dos de Mayo y Lamana, donde está desde hace unos meses la redacción de *Pikara*. Para mi sorpresa, nos tiene fichadas. «Tu compañera fuma como una carretera, ¿eh? Siempre la veo fumando en la acera. [Imita con placer el gesto de fumar] ¡Qué rico el cigarrito! Yo fumaba, me quitaron de fumar en la residencia. Todavía me duele el pecho. Claro, empecé por mariquita, como te daban un cigarro y ¡ummm! Luego ya me envicié y todos los días, un paquete de Ducados».

A mi ritmo, hubiera tardado cinco minutos; con él tardo media hora. Está en buena forma para sus 86 años, pero a cada diez pasos se detiene, apoya el bastón y se queda plantado con la cadera adelantada, en pose de vedette. Baja a las diez de la mañana y apenas está una hora y media vendiendo junto al mercado. La residencia sirve el almuerzo a la una y él necesita una hora para subir las cuestas de los Barrios Altos. «Bajar, bajo rápido, como en bicicleta. Pero subir me cuesta. Y si veo a un tío bueno por el camino le digo: "¡Ayúdame, majo!"».

Julio es testigo de las transformaciones del barrio chino de Bilbao. Su denominación popular, La Palanca, se atribuye a la herramienta con la que trabajan los barrenadores mineros de las cercanas explotaciones de Miribilla, y también a las palanganas de los burdeles que proliferaron atraídos por la afluencia de mineros y estibadores de los muelles próximos en un Bilbao industrial que volvía a florecer tras la guerra civil.

Ya desde finales del siglo XIX, la calle Cortes (paralela a San Francisco) se había poblado de prostíbulos y locales nocturnos que ofrecían atrevidos espectáculos de variedades e intentaban recrear el ambiente de los cabarés de París y Berlín. Durante el Franquismo, La Palanca era, de alguna manera, un pequeño reducto de libertad. «Para el Bilbao católico y bien pensante siempre sería lugar de corrupción moral, degeneración y pecado de necesaria redención», resumen Arturo Izarzelaia y Txema Uriarte en el prólogo de *El barrio de Las Cortes. Una historia de La Palanca bilbaína*[4].

En los años ochenta, con la desindustrialización y la introducción de la heroína, el barrio languideció y quedó enfangado por el estigma de la marginalidad y la delincuencia. En la década siguiente se despertó con los acentos de las personas llegadas de otros continentes: algunas pudieron montar pequeños negocios formales, otras sobreviven en la economía sumergida (el trabajo doméstico, la venta ambulante, la recogida de chatarra…) y los hay que se apalancan en las aceras, bajo la atenta mirada de policías y sus pastores alemanes.

En Las Cortes, una señora obesa en bata fuma sentada con poderío, con las piernas muy abiertas, contra un mural con una virgen colorista de estilo mexicano y la leyenda: «Al que

[4] El periodista Agustín Goikoetxea prosigue en un artículo sobre este libro publicado en *Gara*: «Alrededor de ambas actividades se mueven las dueñas de los prostíbulos o amas, las palanganeras, macarras, alcahuetes, cuidadoras de hijos, parteras y abortadoras, practicantes, farmacéuticos, policías, camareros, alternadoras, dueños de los locales, músicos y un sinfín de ocupaciones que pululan de local en local y a lo largo de la calle, como floristas, cigarreras, limpiabotas, loteros, sastres, jugadores, prestamistas, burleros, vendedores callejeros, placistas y peristas». Por cierto, Julio me dice que no lo recuerda, pero uno de los episodios más sonados del barrio que cuenta ese libro fueron las protestas de prostitutas en Las Cortes en noviembre de 1977. El detonante fue la muerte de María Isabel Gutiérrez en la cárcel de Basauri, arrestada por la policía porque un vecino la había acusado de robar pasteles. El mismo juez que la liberó de ese cargo la envió a prisión por «supuestas actividades contra la moral», de acuerdo a la ley de peligrosidad social. La joven apareció muerta en su celda. Dos días después de su muerte, después del funeral en la iglesia del Corazón de María, centro neurálgico de San Francisco, cientos de prostitutas se movilizaron con el apoyo de la Asamblea de Mujeres de Bizkaia y convocaron una huelga.

esté triste ilumínalo». La calle sigue salpicada de bares de alterne cuyos viejos nombres prometedores (Moulin Rouge, Marilyn…) ahora anuncian sordidez y decadencia. A la entrada del Manhattan, un grupo de señores barrigudos evita entre risitas a una brasileña rubia que se contonea encaramada a unos tacones de aguja, con *shorts* minúsculos y transparencias. Frente a ella, una nigeriana pecosa con pelo corto rojo encendido que ya debe pasar los 40 años. Se la ve tan aburrida como la joven bonita y pálida, con pitillos negros y camiseta ajustada, que fuma en la puerta del Veracruz. En Las Cortes una se sigue ganando la vida como puede, pero no queda ni rastro de la efervescencia que evoca el ajero. «Cambió todo. Cerraron todo», confirma.

Él recuerda a travestis guapísimas que pasaron de vivir la vida prostituyéndose a engancharse a las drogas. No juzga a los yonquis: «Se han metido porque te metes tú y me meto yo. Sales una noche un poquito, uuuyyy, lo pruebas y ¡zas! Y otro día vas. Porque les ha pasado ¡a todas! Y viviendo en casa como reyes. No es porque sean malos. Tiene la culpa quien la ha traído. En todo el mundo: Barcelona, Madrid. ¿Cuánta gente ha muerto? Yo desde la droga… Tú no sabes qué amor me entra cuando miro a esos pobres. Si veo alguna colilla en el suelo la cojo. Y cuando subo por Bailén, se las doy a los chavales que bajan por ahí».

Julio me cuenta que acaba de sobrevivir a un intento de hurto en Bailén, por donde ahora caminamos: reaccionó a tiempo y el ladronzuelo no pudo sacarle la billetera del bolsillo de la camisa. Me lo cuenta a su estilo, de forma atropellada y con onomatopeyas: «Porque yo me levanté, ¡pum! Él estaba haciendo como yo. Bum, bum, bum. Y no le dio tiempo». Pero, a pesar del incidente, le sigue gustando este barrio. A mí también. Sigue siendo uno de los más vivos y diversos de Bilbao.

Levantamos la vista y observamos los andamios que han instalado en un edificio majestuoso de galerías blancas y flores en los balcones. El Ayuntamiento está volcado en la rehabilitación de sus fachadas para ponerlo bonito, quiere poner de moda el barrio, convertir La Palanca en el Soho bilbaíno, posicionarlo en las revistas de tendencias. Gentrificación se le llama ahora a este proceso en el que las galerías de arte, los restaurantes de cocina fusión y las tienditas de *cupcakes* y cerveza artesana desplazan a las personas inmigradas, gitanas, ancianas pobres y prostitutas que nunca salen en los folletos de la oficina de turismo. En la nueva postal también hay cortes de edición, como en el vídeo del ajero en la residencia de ancianos: las cámaras de seguridad en cada esquina no graban cuando los agentes cachean arbitrariamente al moro de turno en un portal.

Estamos en plena campaña electoral y todo el mundo habla de política. «El domingo voy a ir a votar. Yo miro por lo nuestro, por lo de aquí. Nada de votar a los de Madrid». Vaya, resulta que Julio es *abertzale*, a pesar de que llegó de Burgos con 24 años. «Éramos nueve hermanos y mi madre todo el rato cosiendo calcetines, rompía un pantalón de un mayor y me lo ponía a mí. ¿Qué te crees? Matábamos cerdos para todo el pueblo, uno o dos, según lo que pesaban».

Emigró a Bilbao con su hermano y empezaron a trabajar en una fábrica. A él le fascinó la vidilla de la ciudad fabril, que se iba llenando de inmigrantes de Galicia, Andalucía, Castilla-La Mancha. En Bilbao, Julio encontró pequeños resquicios de libertad inimaginables en su pequeño pueblo burgalés: «Yo, si no vengo a Bilbao, me quedo sin conocer la gracia de Dios», exclama evocando placeres pasados.

Los sábados iban al baile de La Casilla, donde aún hoy se celebran romerías para que la gente de la tercera edad mueva el esqueleto a ritmo de pasodoble y chachachá.

—¿Sacabas a bailar a las mujeres?

—Sí. Uuuuy, no me daban más que calabazas. «¿Quieres bailar?». «No» —imita el desdén de las mujeres—. Así que nos íbamos a beber vino. No en plan borracho; en un alterne. Bebía Marie Brizard, solo los sábados. Luego me eché amigos aquí, me subía a San Francisco a tomar una copa los sábados, y me veían los de la fábrica. No les dije nada. Pero yo nunca lo he negado. Yo he nacido así y tengo que morir así. ¿Por qué voy a engañar a una mujer como hacían muchos? Que se iban a la playa y se ponían la camiseta para que no les diera el sol, para tener a la mujer engañada. Me daban ganas de decirles: «¡Ahí te despeñes, para que venga la ambulancia y tu mujer se entere!». Yo he tenido mucha tirria a los casados. He sido muy realista. ¿Para qué van a la playa si están casados? Bueno, porque la cabra tira al monte. Hay que perdonar.

Al ajero le gusta presumir de que nunca disimuló su pluma ni se hizo pasar por heterosexual, pese a la amenaza de una ideología franquista que exaltaba la hombría y que se preocupaba por «el peligro del homosexualismo y su contagiosidad»[5]. Al hermano no le debía hacer mucha gracia ese carácter desacomplejado, pero le convenía tolerarlo porque vivían y trabajaban juntos: «Yo no me apuraba, no he ocultado nada. Si quieres, me hablas y si no, no me hables. Tú vive tu vida y yo vivo la mía».

Después se hizo vendedor. Conseguía ajos y limones, y los colocaba de extranjis, sorteando a los vigilantes del mercado, que, en realidad, a menudo hacían la vista gorda.

[5] Es el lenguaje que empleaba el juez Antonio Sabater Tomás, quien redactó la ley de rehabilitación y peligrosidad social. Lucas Platero destaca en su libro *Por un chato de vino. Historias de travestismo y masculinidad femenina* que ese mismo régimen que segregaba por sexos mantenía al mismo tiempo una intensidad homoerótica que inspiró las culturas gay *leather* y sadomasoquistas. Platero destaca que en la guerra se normalizaban los encuentros sexuales entre varones y que, aunque Franco sostenía que no había maricas en su ejército, a él mismo se le conocía como Paca la Culona.

—¿Nunca te planteaste poner tu propio puesto en el mercado?

—Uy, ¡no! —contesta firme al tiempo que ladea la cabeza hacia atrás; el gesto me recuerda a Antonio Gala—. Yo prefiero la calle. Todo lo que sé, lo aprendí en la calle.

Es perro callejero, pero le gusta estar en todas las salsas y se vanagloria de haber alternado con la *crème de la crème* de Bilbao. «Conocía a la gente rica. Compraba en las mejores tiendas. Ve y pregunta: "¿Conoces a Julio el ajero?". ¡Buf! Y verás. Yo no me puedo quejar de mi vida. Pero también te digo… Ser una persona sencilla, cuánto vale».

—¿Has tenido muchos novios?

—Ay, he sido más raro… He estado con chicos que… [me susurra] quisiera que los verías pa' lo feos que son… Te lo juro por Dios. No sé qué pasaba. Aquí hay un chico de San Sebastián al que le gusta la gente un poco mayor. Antes se ponían todos los coches en el Arenal y ahí aparcaba todo el mundo. Me abrió la puerta y me fui con él. ¿Por qué no? Así que tampoco me quejo.

—Ahora lo de ligar es diferente, ¿no?

—Uy, ahora no me hables. Antes entrabas a un servicio, estabas un ratito, según la gente que entraba salías, salía él detrás de ti. En el parque también.

—¿Sabías que el Ayuntamiento ha cortado los pinos de Artxanda[6]?

[6] En marzo de 2015, el concejal del Partido Popular, Luis Hermosa, pidió en un pleno municipal que se persiguiera el *cruising* en el Alto de Santo Domingo, con arreglo a la ordenanza cívica, que «reputa» (la norma municipal usa ese verbo) las prácticas sexuales en la vía pública. El concejal de Seguridad añadió, entre risas, que fueron a investigar a la zona y que «les entraron». Finalmente ordenó talar los pinos para cortar el «problema» de raíz. Los colectivos LGTB ya advirtieron en 2010, cuando el Ayuntamiento impulsó la aprobación de una ordenanza que buscaba perseguir la prostitución callejera, que la normativa se utilizaría para recortar la libertad sexual.

—¿¿¡Sííí!?? Uy, qué maricón, ¡eso no se hace! Ahora me entero, fijate, ¿ves? Antes había una fuente y te ponías ahí a tomar el sol. Antes estábamos mejor porque nadie se metía con nosotros.

Baja la voz y señala a un hombre de mediana edad, de rasgos andinos y visera, que camina delante de nosotros:

—Ese pobre chico me da pena. Lo verás siempre por todo Bilbao mirar la comida que dejan los bares. Sí. Y me dijo que él iba a trabajar a Mercabilbao. Pero yo no sé cuándo, porque siempre lo veo dando vueltas para coger qué comer. Qué cosa, ¿verdad?

—Y cuánta comida tiran los bares.

—Sí, cada vez más. No sé cómo a la gente le gusta comer por ahí. Para mí no hay como comer en casa. A un huevo que pongas, echas unos ajitos y un poco de cebolla para que le dé sabor, y te lo comes con unas patatas. Es que a mí me gusta hacer las cosas bien.

En cuanto me relajo, vuelve a sus temas de conversación preferidos. Que la monja malvada le abronca acusándole de que atufa la residencia con sus ajos. Que en la residencia roban mucho; una vez le robaron 100 euros, pero nadie le cree. Que no le gusta estar en la residencia, pero no se queja. Que él es feliz porque le va mucho la calle.

—¿Cuánto sacas al día?

—¡Si te digo, no me dejas bajar! Hay días que vendo tres euros, el lunes vendí un euro. El martes me fui con veinte céntimos. ¡Ah! Mis ajos son los mejores. ¿Por qué? Porque compro los más caros. Hay una tienda que vende la fruta más cara de Bibao. Ahí te quedas mirando las manzanas: ¡ah, qué maravilla! Me pone a 3,25 el kilo. No está mal. Para un kilo de naranjas y cien gramos de jamón, me sobra. Yo es que soy malo para estar en la residencia. Me duelen las piernas, pero salgo. Me come la tostada si me quedo solo. Qué aburrimiento. Cuando hacen fiesta, nos dan unas copas de anís o lo que quieran… Que mejor que no nos den nada. ¡Boo! Pero yo no me quejo. Eso te lo digo de corazón. Estás contento, no vas a estar nunca como en tu casa, y yo porque soy un poco raro… Llevo por lo menos quince años y parece que fue ayer.

Envejecer en una residencia no estaba en sus planes. Cuando su cuñada se murió, intentó convencer a su hermano para que vivieran ellos solos, pagando a una trabajadora doméstica para que limpiase la casa dos o tres días a la semana. «Pero se arrimó a una mujer y yo me fui a la residencia. Podíamos haber vivido diez años juntos y bien. ¿Verdad que pienso mejor que él?». Este tema le pone de mal humor. No entiende que su hermano le traicionase, a sus años, por juntarse con otra mujer. Si en Las Cortes hay muchas disponibles para pasar un buen rato cuando se quiera. «Yo he estado en la calle y he visto a hombres que subían a las once, a las doce, y había una chica muy maja. Estaba en casa, en un piso, y subía un hombre. ¿Por qué? Porque hay muchos hombres como mi hermano. Albañiles y así, que en el tiempo libre se suben. Y eso es mucho mejor. Tienes una amiga, le das dos o tres… [billetes] y ¡ya! Pero meter en casa a una perra de la caaaaalle. ¡No!».

Su hermano murió y ahora solo le queda un sobrino, ingeniero de aviación, que lleva más de tres años en el paro.

—Se puede decir que es majo.

—¿Y te ayuda?

—¡Uy! ¡Eso no, si yo le doy y lo coge todo! Pues bueno, ¡qué vamos a hacer, hija!

Pasamos por Dos de Mayo y la calle está llena de banderas arcoíris. Ahí se encuentran la asociación LGTB Hegoak y varios bares de ambiente. Se acerca el 28 de junio y el Ayuntamiento está llenando el Casco Viejo y San Francisco de banderas multicolores. Es el segundo año que implica a los comercios en la organización del Pride, una versión descafeinada y comercial del Orgullo, cuyo principal objetivo es posicionar a Bilbao como una capital *gay-friendly* para atraer a los turistas homosexuales (a las lesbianas y a las personas trans no se las nombra), a los que se presupone un alto poder adquisitivo.

El año anterior, *El Correo*, el periódico vocero del Ayuntamiento, tuvo la desfachatez de titular que Bilbao celebraba «por primera vez» el Orgullo. En realidad, la primera manifestación reivindicativa en conmemoración de los disturbios de Stonewall se celebró en 1982. Desde entonces, los movimientos de gais, lesbianas y trans llenan las calles cada 28-J y su discurso incluye la crítica a un Consistorio que mercantiliza el Orgullo a la vez que su ordenanza reprime la sexualidad en el espacio público.

—La semana que viene es el Orgullo —le digo a Julio cuando pasamos bajo las banderas.

—¿Qué Orgullo? —responde despistado.

—El Orgullo Gay. ¿No te gusta?

—¡Sí! Ya sabes, la cabra siempre tira al monte. Yo veo chicas[7] por aquí: «Adiós, guapas, hermanas», a algunas igual no les gusta, pero dicen: «¡Mira, la abuela!». Yo les llamo así: «Guapas, qué majas vais». Pero en el buen sentido, para hablar con ellas. Ahora salís, que no es como antes. Que antes jodíamos en un banco, en el Arenal. Antes salías a las diez y a las once ya habías llegado. Ah, qué le vamos a hacer.

Llegamos a la sede de *Pikara*, una antigua tienda erótica que no desentona en La Palanca. Aún no hemos pintado sobre el mural de una chica de melena y pecho exuberante gozosamente

[7] Por el contexto, me imagino que se refiere en femenino a «las mariquitas».

semidesnuda que recuerda a las mujeres de Milo Manara. Julio se asoma a la redacción y descubre que sentado en el sofá hay un maniquí verde fosforito por el que pujó mi compañera Andrea en una subasta a favor de las casas okupa.

—Mira, tenemos una amiga rara —le digo.

—¡Y tan rara! Qué maja… —habla al maniquí—, ¡pero levántate! Hay que ver. A ver si me encuentro yo un tío así y me lo pongo en la habitación. ¡Bueno, maja, agur!

* * *

Julio ha cambiado de *look*: hoy viste solo una camiseta blanca con una impresión ajada de una portada de los Rolling Stones. Es su respuesta a la alerta naranja decretada por las altas temperaturas. El 19 de julio, Bilbao parece Madrid. Ayer el termómetro alcanzó los 40 grados y Julio se tuvo que quedar encerrado en la residencia, por orden de las monjas.

Lo encuentro en la esquina de siempre, la de la pescadería, junto a una vendedora de cupones de la Once. El traqueteo de los carritos de la compra hace de banda sonora. Ofrece tres cabezas de ajo hermosas en la palma de la mano, con la muñeca doblada y la bolsa de plástico colgando del brazo. Mira hacia el mercado con nostalgia:

—¡Cómo ha cambiado! La gente joven ya no baja a comprar. Comen cualquier cosa por ahí. Antes, en las fruterías no había sitio para poner una bolsa. Yo traía de mi pueblo planta de cebolla para vender, cebollino se llama, ¡uh!, pues no había sitio para ponerte. Y ahora sobra todo. Ahora ya casi no vienen aldeanas a vender.

Julio no menciona como competidor al Carrefour de la acera de enfrente, pero se despacha contra otro tipo de comercios: las fruterías de inmigrantes asiáticos.

—No vayas a comprar fruta en ese de la esquina. Compran de la peor.

Asiento mientras palpo con culpa los melocotones que he adquirido precisamente ahí para tener cambio con el que comprarle ajos al ajero.

—Yo prefiero comprar solo una manzana y una pera en la tienda más cara, porque por lo menos saben —y aprovecha el tema para barrer para casa—. ¿Y los ajos? Echas los de esa gente y no saben a nada. Yo compro lo mejor, para que den otro gusto. Ahora me han subido el precio: tengo que vender tres por 1,20 euros. A ver si cuela.

Julio se distrae: acaba de pasar junto a él un chico fornido con canas. Me confirma: «Ese entiende, le conozco de hace años».

—Oye, Julio, ¿y qué te parece esto del matrimonio igualitario, que ahora nos podemos casar y tener hijos?

—Pues lo veo muy bien. Adelantado, como tiene que ser. Ahora..., lo que es la edad. Ya no te llama nada eso [el sexo]. Te da asco. ¡Argh!

—¿Te hubiera gustado casarte?

—Bueno..., no sé..., ganando bien y eso...

—¿Pero has tenido parejas? —insisto.

Parece que el amor no es su tema preferido. Los amores prohibidos no duraban mucho. Me habla atropelladamente de un chico que era mucho más joven que él, un chico orgulloso que no aceptaba regalos ni por Reyes. Al final sentencia:

—¿Para qué? No tengo tiempo. Yo, a mi aire. Mira ese chico que va por ahí, es del gremio. Me da pena, con esa gordura... Bueno, hay gustos para todo, pero siempre lo veo solo.

—¿A ti te han dicho muchas cosas por mariquita? ¿Te han insultado?

—Antes todo el mundo, mmm, y te daba vergüenza contestarle. Pero yo contestaba. ¡Respeta! ¡Qué coño! Puedes tener una hija o un nieto así. Y aunque no lo tengas. ¿Se ha metido contigo esa persona? Bueno, pero yo no me quejo. Para un año o dos, vivir la vida. He pasado lo que he pasado a mi gusto.

Son las 11:45. A Julio le queda poco para caminar hacia la residencia y me preocupa estar ahuyentando a su exigua clientela. Le doy un euro y veinte céntimos. Protesta:

—¿Seguro que los necesitas? No quiero que me los compres y que se te estropeen.

—Me hace ilusión comprártelos, Julio.

—¡No! No me los compres por ilusión, cómpramelos porque son los mejores —replica con chulería—. Y prométeme que no tienes más ajos en casa.

—Te lo prometo —mentira, justo anteayer compré una bolsa de ajos en el Eroski—. Julio, ¿crees que seguirás vendiendo ajos siempre?

—Bueno…, no sé. Aparento una cosa, pero estoy peor que nunca. Hoy por el calor. Me afecta mucho. ¿Y ves que en este rato no he vendido nada? Algunos piensan que lo hago por dinero. Ya les mandaba yo aquí y no ganar un euro. Yo vengo porque conozco a todos y se me pasa la mañana volando. Vengo porque esta es mi vida.

10
LA RUDA DE DOÑA SEBASTIANA

«Siempre lo humillan a uno».

«Yo estaba acompañando a una mujer a la que le arrancaron el huipil[1] en la calle, la dejaron desnuda ahí en Chichi. Teníamos pruebas y testigos, y trabajamos bien el caso. La asustaron con que sería ella la que tendría que pagar 25 000 quetzales. Llorando, llegó a mi casa. Si llega a estar sola, los hubiera tenido que pagar. Pero yo fui con ella y la apoyé, le dieron 500 quetzales, menos de lo que costó construir el huipil. Los abogados asustan a una, que si usted no puede hablar en español, que si no tiene dinero, que mejor va a la cárcel porque no puede pagar la multa (de usted). Siempre lo humillan a uno. ¿Qué sentirían esos jueces, esos abogados, si los dejan desnudos en público? ¿No pasarían vergüenza?».

[1] Blusa amplia de algodón bordada que usan las mujeres indígenas mexicanas y centroamericanas. En algunos pueblos originarios, las mujeres caminaban con el torso descubierto y fueron los colonizadores españoles los que impusieron cubrirse. En la actualidad es un símbolo de la identidad cultural, amenazada por el racismo; las lideresas indígenas aseguran que la discriminación hacia las mujeres que llevan el traje tradicional sigue a la orden del día en los centros de salud, colegios e instituciones.

Doña Sebastiana necesita contar muchas historias, las suyas y las de las otras mujeres. Si se las guarda, se le acumulan dentro de la cabeza y le duele. También le duele la espalda de tanto caminar por las comunidades. Tiene 63 años, pero las arrugas y las canas, los dolores y el cansancio imprimen alguno más. Recorre los caminos de tierra de su cantón de Chichicastenango (El Quiché, Guatemala) bamboleándose, porque le pesan los años y los problemas. Los propios y los de las mujeres a las que apoya. Mujeres como ella, indígenas, rurales, pobres; maltratadas y discriminadas por ser mujeres indígenas, rurales y pobres. Mujeres que no tienen plata para pagar a un abogado, porque no tienen ni para alimentar a su familia. Pero tienen a doña Sebastiana, que no espera dinero y que comparte lo que tiene: tortilla y atol para que no desfallezcan mientras esperan a que se haga justicia.

* * *

Dice que está cansada, pero no para quieta. Hoy está en Huehuetenango, a 93 kilómetros de su casa, participando en un taller de prevención de violencia machista dirigido a las autoridades ancestrales —guías espirituales, comadronas y curanderas mayas— y a líderes y lideresas comunitarias. Ha organizado a 60 mujeres en su cantón de Chichicastenango y visita a las de otras doce comunidades aledañas.

La cita es en las ruinas mayas de Zaculeu, la capital del reino Mam, conquistado después por el reino K'iche' de Q'umarkaj y atacada en 1525 por el conquistador español Gonzalo de Alvarado y Contreras. El sitio fue restaurado a principios del siglo XX por la multinacional estadounidense United Fruit Company, esa que controlaba la producción agrícola (del plátano, sobre todo) en Centroamérica y el Caribe, hasta el

40% en el caso de Guatemala; esa que sobornaba a los gobernantes locales para no pagar impuestos; esa que reprimía con violencia las protestas de sus trabajadores; esa que contó en Guatemala con su propio presidente del Gobierno, Manuel Estrada Cabrera (1898-1920), un accionista de la empresa que la convirtió en la primera fuerza económica del país.

Además de controlar la producción y el comercio agrícola, además de controlar gobiernos, la compañía estadounidense se dedicó también a conservar el patrimonio cultural maya para estimular el turismo gringo y para presumir de «compromiso con el entendimiento entre las dos Américas». Un siglo después, ese entendimiento se refleja en las licencias que el Gobierno guatemalteco concede a empresas extranjeras para desarrollar proyectos hidroeléctricos y mineros. Un siglo después, ya no hay United Fruit Company, pero Estados Unidos sigue siendo la potencia que más explota los recursos naturales en un país en el que un tercio de su población vive por debajo del umbral de la pobreza (subsistiendo con menos de dos dólares al día). Los gobiernos guatemaltecos siguen protegiendo los intereses de las multinacionales. Las fuerzas de seguridad del Estado hostigan, desalojan con violencia y criminalizan a quienes protestan contra los megaproyectos[2].

Estamos en campaña electoral. En la carretera de Ciudad de Guatemala a Huehuetenango, las vallas que promocionan al político de turno están manchadas de pintura roja y de pintadas que denuncian la corrupción. Huehuetenango es uno de los departamentos en los que más se nota la presencia de empresas extractivistas y la tenaz oposición pacífica de las comunidades indígenas. Pero Zaculeu, símbolo de esa cultu-

[2] Lo denuncian, entre otros organismos de derechos humanos, Amnistía Internacional y el Observatorio de Multinacionales en América Latina (OMAL).

ra maya masacrada y expoliada por los siglos de los siglos, permanece ajena a la conflictividad. Sus templos piramidales, aislados entre pinares, siguen invitando a la quietud, aunque las remodelaciones le han dado un aspecto de escenario de cartón piedra que le resta solemnidad.

El autobús colorido en el que viajan los líderes y lideresas que ha convocado Majawil Q'ij se detiene en el parqueo y el grupo se apea alegre, encantado de interrumpir su rutina con una jornada de debate y turismo. Pasan de largo los puestos de madera que ofrecen souvenirs y aperitivos a la entrada del recinto. No hay tiempo que perder; son las diez de la mañana y hay que apurarse porque las capacitaciones duran horas y la noche cae hacia las seis de la tarde.

La comitiva se detiene entre dos pirámides y se arrodilla formando un círculo. En el centro, un altar elaborado con velas y ramilletes de margaritas rojas, amarillas, blancas y moradas. Las mujeres, vestidas con sus huipiles estampados y faldas tradicionales —en contraste con los atuendos occidentales, camisa y vaqueros, de los hombres—, se ponen en la cabeza las servilletas dobladas para protegerse del sol; así llaman a las telas rayadas que usan también como morrales. El grupo se hinca para mostrar respeto a los abuelos, a las abuelas, los antepasados. Y a Ajaw, que es el universo y la vida misma. El creador de todo, la creadora de todo.

«Cada persona que viene a este mundo, si es mujer, trae algo de hombre; si es hombre, trae algo de mujer. Eso es la dualidad, el principio básico de la cosmovisión maya», explica el formador, un tipo de unos 50 años, con coleta, ojos de topo y unas gafas redondas a lo John Lennon que le dan un aire de profesor universitario de los ochenta. El machismo, la idea de que la mujer es inferior, nada tiene que ver con la tradición maya, en la que no hay mujeres brotando de costillas masculinas. La cosmovisión maya se basa en la armonía, el equilibrio, el respeto entre las personas y el respeto a la madre tierra[3].

Rodean el altar un hombre y una mujer mayores, una chica y un chico jóvenes. Rezan, en quiché, mam o español[4], mezclando expresiones de la tradición maya con oraciones católicas o evangélicas:

«¡Oh, tú, Tzaqol, Bitol! ¡Míranos, escúchanos! ¡No nos dejes, no nos desampares, oh, Dios, que estás en el cielo y en la tierra, corazón del cielo, corazón de la tierra! ¡Danos nuestra descendencia, nuestra sucesión, mientras camine el sol y haya claridad! ¡Que amanezca, que llegue la aurora! ¡Danos muchos buenos caminos, caminos planos! ¡Que los pueblos tengan paz, mucha paz y sean felices!; ¡y danos buena vida y

[3] Algunos discursos de feminismos indígenas pueden resultar autocomplacientes cuando responsabilizan por completo a la invasión española de haber importado la cultura machista. Me interesa la visión de la feminista indígena guatemalteca Lorena Cabnal, quien reconoce un patriarcado originario ancestral, que se reforzó con la influencia del patriarcado colonial. Es decir, pese a los valores mayas, como la dualidad y la armonía, las estructuras de poder eran patriarcales, las mujeres eran oprimidas en una cultura en la que, por ejemplo, se promovía el arquetipo del guerrero que luchaba contra otros pueblos originarios. Y este patriarcado fue reforzado por la colonización, que incluía colonizar también los cuerpos de las mujeres a través de la violencia sexual. En Internet, podéis encontrar su ponencia «Feminismos diversos: el feminismo comunitario», en la que explica mejor este planteamiento.

[4] En Guatemala, el principal grupo étnico del país, el maya, habla 22 lenguas distintas. El quiché es hablado por un millón de habitantes, el 11% de la población. Le siguen el quekchí, el kaqchikel y el mam (este cuenta con 480 000 hablantes, concentrados en los departamentos de Quetzaltenango, San Marcos y Huehuetenango). A las lenguas mayas hay que sumar la garífuna (una etnia de raíces afrodescendientes, caribes y arahuacos que puebla el Caribe centroamericano) y el xinca, idioma de origen desconocido que se encuentra en peligro de extinción; apenas lo hablan una docena de personas en el departamento de Santa Rosa. Pese a que el Estado reconoció en 1996, con la firma de los Acuerdos de Paz, el carácter pluriétnico y multilingüe del país, ese reconocimiento formal no se ha traducido en unas políticas decididas para conservar y poner en valor la diversidad lingüística, como demuestra, por ejemplo, la inminente extinción del xinca. Las lideresas que entrevisté denunciaban discriminaciones constantes en el acceso de las personas indígenas a la justicia, a la educación y a la asistencia sanitaria.

útil existencia! ¡Oh, tú, Huracán, Chipi Caculhá, Raxa Caculha, Chipi Nanauac, Raxa Nanauac!».

Concluida la invocación, se dividen en grupos pequeños para poner en común el trabajo que realizaron en la primera jornada. El formador les pidió que escribieran las leyes que deben regir el comportamiento de las mujeres, de los hombres, de los niños y niñas y de la comunidad. Esos listados les servirán para intentar desbrozar qué valores y tradiciones son propios de la tradición maya y, de estos, cuáles interesa conservar y cuáles desechar por caducos.

Doña Sebastiana no quiere perderse nada del taller, así que nos pide que esperemos hasta la refacción, el descanso en el que se sirve café y una macedonia. A simple vista, es una abuela entrañable, de sonrisa y abrazo fácil. Chiquitita, apenas un metro y medio, y redonda, con los brazos entrelazados sobre su vientre abultado, recuerda a un gorrioncillo. Lleva la larga melena entrecana recogida en una trenza que deja a la vista los pendientes de aro dorados. Tiene los labios finos, nariz aguileña, ojos pequeños y rasgados. Viste un huipil rojizo de motivos geométricos, tejido por ella a mano, y cubre su falda con un delantal rosa fucsia lleno de lazos. Ese delantal es como la chistera de un mago, en él guarda papeles, recuerdos, trozos de pan para sus gallinas. También lleva un bolso grande, regalo de una oenegé, a rebosar de mercancía: las artesanías que elabora junto con su hija y que vende, si se tercia, en reuniones como las de hoy.

Doña Sebastiana habla de corrido, con un timbre de voz claro y cantarín. Su castellano no es fluido (pronuncia las f como j; «jui» en vez de «fui»), pero prefiere intentar expresarse sola y que Xun, uno de los trabajadores de Majawil Q'ij, la traduzca del quiché solo cuando no encuentre las palabras en español. «Yo no sé ni leer ni escribir, pero en mi mente lo dejo escrito, pues, porque todo lo que nos dan en las capacitaciones, siempre yo lo guardo». Doña Sebastiana se toma las actividades de la asociación muy en serio porque fueron su salvavidas. La coordinadora de Majawil Q'ij, María Morales, fue la primera que la ayudó cuando empezó a visitar organizaciones sociales para pedir ayuda. «Por ella es que estoy aquí ahorita», dice. Aquí en Zaculeu y, probablemente, aquí en la Tierra.

* * *

Doña Sebastiana renuncia a su macedonia para concedernos la entrevista antes de que se reanude el taller. Despliega su servilleta rayada y se sienta sobre ella; coloca en la tela las vasijas de barro en las que prepara sus remedios. Lleva hojas de limón y de ruda, una olorosa planta medicinal muy apreciada por las curanderas mayas para calmar los nervios. Con ellas prepara la infusión con la que recibe a las mujeres violentadas. Ella también necesita beberla cada vez que las injusticias la abruman. Casi sin respirar, sin necesidad de darle cuerda con más preguntas, cuenta las historias:

«Era chiquita cuando yo me junté con mi esposo; yo no estoy casada, juntada nada más. Yo tenía doce años cuando mi mamá y la mamá de mi esposo se hablaron y me obligaron: que yo me tengo que ir con el hombre porque ya es tiempo, porque yo no puedo tener quince, dieciséis años solita, porque eso es problema. "Vas a dar problemas entre parejas", me decía mi mamá. Y, llorando, me vine a vivir con mi esposo aquí a Chichicastenango. Y mi esposo era bien enojado. Diez años después fui a visitar a mi mamá, porque él no me dejaba ir; decía que me iban a aconsejar. Porque él me pegaba mucho, me jalaba del pelo, me pateaba, me ponía los ojos bien morados. Y ese fue el dolor que yo sentí, el de ser una mujer violentada, pues, eso lo tengo yo en mi corazón. Por eso yo tuve que organizarme, para asustarle».

Doña Sebastiana habla con serenidad y dulzura, como si fuera un cuento que de pronto se pone feo. Solo llora cuando recuerda la impotencia de no poder ver a su mamá. Cuando la madre pudo visitarla, se encaró con su yerno, pero este se reafirmó sin complejos: «Ah, ella lo busca, ella quiere que yo le golpee, por eso me contesta». En aquellos tiempos la joven Sebastiana no tenía la templanza de hoy. «No, yo no era contestona, a mí me daba mucho miedo contestarle a él, porque si yo le contestaba me callaba por la boca, me sacaba sangre en la nariz, y por esa razón a mí me duele mucho lo que le hacen a mis compañeras en las comunidades. Cuando le planacean a uno con el machete, se le hincha la espalda. Cuando una vez me hizo eso, acababa de nacer mi bebé, tenía dos días, cuando él me fue a jalar de la cama, me planaceó la espalda. ¿Por qué? Por causa de un nailon arriba del temazcal, que se quemó».

El temazcal —del náhuatl «*temazcalli*», «casa donde se suda»— es un baño de vapor con forma de iglú, tradicionalmente hecho de piedra y lodo, que los pueblos mesoamericanos utilizan para asearse y purificarse, aliado de las mujeres durante el embarazo, el parto y el puerperio. La sauna favorece un alumbramiento relajado, pero a doña Sebastiana le duró poco. El esposo corrió a abroncarla cuando vio que el plástico que cubre el temazcal estaba ardiendo, por accidente.

—¿Por qué no lo vio? Por tu culpa se quemó.

—No es por mi culpa. No le estaba haciendo caso a eso, porque yo estaba dando a luz.

—Cállese pues.

La fue a agarrar, pero ella se abrazó a su bebé para evitar la represalia. No funcionó: la tiró al suelo con bebé y todo y la atizó con el machete hasta que se le hinchó la espalda. Otras veces la golpeaba con la culata del arma que portaba la temporada que participó en una patrulla. Y siempre que la maltrataba le repetía los mismos reproches:

—Yo no te quiero. Acordate que fueron las mamás las que decidieron juntarnos. Algún día te mataré y te tiraré por un barranco.

Doña Sebastiana imita con mirada dura el desprecio con la que la trataba su marido; cada amenaza, cada acusación, cada reproche siguen martilleando unas heridas emocionales que no cicatrizan.

No solo duelen los golpes. Doña Sebastiana parió doce veces. De esos doce hijos, solo le quedan seis. Uno murió ya crecido, le atropelló un carro. ¿Y los otros por qué se morían? Baja la mirada y el tono de voz. «Porque muchos problemas teníamos. Y en eso me tragaba todos los problemas, las cóleras. Y tal vez por eso, como yo le estaba dando de mamar a los bebés, con eso se enfermaban mucho, y se murieron los cinco». En Guatemala le llaman morirse de susto cuando una persona fallece a causa del estrés postraumático. «Y ese dolor se me curó cuando yo me metí en las organizaciones», insiste.

Después de 22 años de palizas, vejaciones y bebés muertos, buscó apoyo en las organizaciones de mujeres. Eran tiempos de guerra y la primera puerta que tocó fue la Coordinadora Nacional de Viudas de Guatemala (CONAVIGUA), viudas que en 1986 empezaron a recorrer iglesias y ayuntamientos para pedir ayuda: el Ejército se había llevado a sus maridos y no estaban dispuestas a perder también a sus hijos. Denunciaron el reclutamiento forzoso, reclamaron recuperar los cadáveres de sus familiares y denunciaron las masacres del dictador Ríos Montt. En 1989 agrupaba a 3560 mujeres indígenas rurales que gritaban su verdad al Gobierno, a la prensa internacional, a la jerarquía eclesiástica. A principios de los noventa, llegaron a convocar a 40 000 manifestantes frente al Congreso[5].

Doña Sebastiana no era una de ellas, ella tenía marido, un marido que la torturaba. De entrada, las viudas no la acogieron: «Nosotras te aceptamos, pero más despuesito, porque usted tiene su esposo». Pero una de las integrantes, la lideresa maya quiché María Morales, la escuchó y decidió ayudarla. En 1990, en plenas negociaciones de paz, Morales fundó Majawil Q'ij con una doble motivación: nutrir los movimientos de resistencia indígena en un país con un genocidio negado y promover la participación de las mujeres que habían sido utilizadas como arma de guerra. Morales veía claro el vínculo entre doña Sebastiana y las viudas de CONAVIGUA: todas ellas eran mujeres indígenas que sobrevivían al racismo, a la represión política y militar y, también, a la violencia en sus propias familias. «Por ella me salvé la vida, pues, porque ya me metieron buenas ideas, y por ella, pues, que estoy aquí ahorita».

Cuando Sebastiana comprendió que tenía derecho a una vida sin violencia, le advirtió a su esposo que no aguantaría más golpes: «Si me sigue pegando, lástima de usted, si voy a denunciar te vas a la cárcel. Yo ya me siento libre. Yo sé que tengo derecho a defenderme». Si el marido le decía: «Sos

[5] *Crónicas del estallido. Viaje a los movimientos sociales que cambiaron América Latina*, de Martín Cúneo y Emma Gascó (ed. Icaria) condensa, en su capítulo sobre Guatemala, la lucha de CONAVIGUA y del Grupo de Apoyo Mutuo (GAM), el otro colectivo liderado por mujeres que reclamaban a sus desaparecidos. Ríos Montt, por cierto, fue condenado en 2013 a 80 años de prisión por genocidio y crímenes contra la humanidad, pero esta sentencia fue anulada diez días después por la Corte Constitucional de Guatemala, que adujo defectos de procedimiento.

una gocha, solo te estoy manteniendo», ella ya no se callaba: «No es cierto, la verdad es que yo ando trabajando, me levanto temprano y duermo más tarde». «¿Pero quién te aconsejó?», la interrogaba, perplejo, el maltratador. «No es consejo, lo oigo por ahí entre las mujeres, en la radio».

Ella nunca cumplió sus amenazas de acudir a la policía —«Si denuncio y se va a la cárcel, cuando salga peor me va a hacer», se decía a sí misma—, pero, fortalecida por el apoyo de su organización, siguió mostrándose firme con su marido hasta que dejó de agredirla. «Por eso yo salí de todas las violencias y por eso me siento así con mis compañeras».

* * *

«Cuando yo los miro que las pegan, yo me animo a hablar al hombre, no me da miedo. Le digo: "No haga eso, porque se va a la cárcel, porque usted no le puede hacer así a las señoras". Yo veo que hay señoras a las que no les cubren los gastos. Ellas se van a lavar la ropa a las casas y viene ahí el hombre a pegar a la pobre señora, le dice que ella no trabaja, que solo sirve para estar en la casa comiendo, y eso no es así; no nos están dando la comida así gratis, sino que nosotras estamos ganando la comida.

»Porque la verdad que yo he visto es que a muchas mujeres les pegan por causa de que el hombre está *bolo* [borracho]. ¿Con quién fue a tomar guaro? Con otra mujer. Y llega a pegarle a la pobre esposa, de noche. La saca de la casa, con sus hijos ahí de noche, a dormir debajo de la milpa. Por eso que las señoras llegan conmigo, a veces llegan en la noche, en la medianoche».

El tono de doña Sebastiana ya no es de cuento, sino de discurso encendido. Le indigna que los hombres sigan sin respetar a sus esposas. Pero cuando las mujeres le piden ayuda, primero intenta la vía de la mediación.

«A veces me siento entre ellos y les doy consejo, al hombre y a la mujer. Tengo que escuchar por qué hay problemas. Y hay otros que no escuchan, hay otros que dicen: "Ah, pero nosotros no tenemos miedo, aunque nos vayan a dejar en la cárcel. Usted me está asustando, nada más", me dicen. Si no se puede dialogar con el hombre en la casa porque se pone enojado, rápidamente yo le digo a la señora que tenemos que ir a hacer una denuncia. "¿Será que hay justicia para mí?", me dicen las mujeres. "Sí, la hay", les digo yo».

La lideresa sabe que esa es una verdad a medias:

La justicia no es ciega. No suele sonreír a la mujer indígena, rural, pobre, que apenas sabe leer ni expresarse en castellano: «Hay niñas a las que violan y, como le digo, los hombres rápidamente pagan a un abogado y no les hacen nada. Así como el juez de Chichicastenango, él no lo atiende a uno. Son gente indígena y todo, pero no entienden el idioma y no prestan atención. A mí me da cólera y por eso es que se me infla el corazón, porque no atienden a las mujeres».

La justicia es cara. Las mujeres a las que acompaña doña Sebastiana no tienen dinero para pagar un abogado. Ella les consigue justicia gratuita a través de la oficina del Procurador de Derechos Humanos y las ayuda a recorrer el laberinto burocrático. Son muchos quebraderos de cabeza para la lideresa: «Tengo que pensar muchas cosas: adónde tengo que llevar a la persona, adónde tengo que acudir, pues, para que ya ella se quede contenta».

La justicia es lenta. Se tarda mucho en poner una denuncia, en que se tramite, en que llegue el día del juicio, en que este termine. El sistema judicial implica largas esperas. Bien lo sabe doña Sebastiana. «Poner una denuncia cuesta mucho.

Uno se tiene que tardar ahí, y a uno le da sed, le da hambre. Entonces lo que yo hago es llevar mis tortillitas, mi comida. Y me lo como ahí, en el Ministerio Público, con mi botella de agua». Lleva tortillas para ella y también para la mujer a la que acompaña.

La justicia no siempre es justa y casi nunca es humana. Los problemas de las personas no siempre se pueden resolver con dicotomías «culpable/inocente», «víctima/agresor». Por eso, doña Sebastiana confía más en la mediación comunitaria. Cuenta que el pasado mayo una muchacha de quince años dio a luz. Su mamá ya había ofrecido el bebé a una señora que no podía tener hijos. El parto fue por cesárea. Cuando la adolescente se despertó, el bebé ya no estaba con ella.

—¿Y mi bebé? ¿Y mi bebé?— Doña Sebastiana recrea la mirada asustada y el grito desesperado de la joven.

—Pues tu bebé ya lo regalé yo a la señora.

—¿¿¿Por qué??? ¡Yo quiero a mi bebé!

—Cállate porque van a oír los doctores.

La muchacha se revolcó por los suelos llorando, amenazó con matarse si no recuperaba a su hijo. Pero su hijo era ya hijo de otra mujer[6], de la madre adoptiva que no estaba por la labor de devolverlo como si nada. Dio una alternativa: cobrar 4000 quetzales por el perjuicio. ¿Y de dónde iban a sacar ese dinero? Tres veces fue la mamá de la adolescente a hablar con ella, hasta que la madre adoptiva amenazó con reunir a la comunidad para hacer valer su derecho. La mamá de la

[6] La ley de adopciones no entró en vigor hasta 2007. El Consejo Nacional de Adopciones estima que antes de esa fecha se permitió la salida de más de 35 000 bebés al extranjero, vendidos por un precio medio de 25 000 dólares; un negocio lucrativo basado en la trata. El 17 de junio de 2015 un Tribunal condenó a ocho personas por adopciones ilegales. La condena más alta fue dictada en contra de la directora de la Asociación Primavera, un colectivo al que se atribuye haber facilitado al menos 100 adopciones ilegales entre 1999 y 2001.

adolescente fue a pedir consejo a doña Sebastiana, quien no vio otra manera que recurrir a la policía para recuperar el bebé. Se arrepintió. «A la otra señora ya la iban a acusar de secuestradora de niños. Me dio lástima porque ¡no era una secuestradora! Era una señora que no podía dar hijos».

La cosa se puso fea. Los funcionarios del Estado irrumpieron en la casa de la madre adoptiva. La encontraron lavando en la pila con el bebé cargado a la espalda. Se lo arrancaron y la detuvieron sin darle tiempo ni de agarrar un suéter de la casa para ir bien vestida a la comisaría de Chichicastenango.

Moraleja: «Por eso yo tengo que estar en medio, tengo que escuchar a las dos partes. Yo no puedo acusar a esta señora, pero tampoco a la muchacha, porque no fue ella sino su madre. Ahí no hubo justicia».

Además de atol y tortilla, doña Sebastiana siempre va a los juzgados con una botellita de ruda. «La verdad que cuando yo veo problemas muy graves, cuando llevo casos muy graves, entonces yo siento que se me infla el corazón o se me queda ahí en la mente, que ya no me sale, a veces no me duermo. Por eso voy siempre con esta ruda. Cuando voy con la señora, llevo una botellita de ruda y le doy a la señora, y tomo yo también porque a mí me da pena». Tanta impotencia le pasa factura, pero dejarlo no es una opción. Así que lucha, reza y lucha.

«Primeramente yo me hinco y pido a Dios que ojalá que nos atiendan, el juez o la policía. Allá en el Ministerio Público ya me conocen. Una vez me dijo un abogado: "Vos, señora, ¿quién sos? ¿Sos la Rigoberta Menchú? ¿O sos la Rosalina Tuyuc?[7]". "Usted no me puede preguntar quién soy yo —le

[7] Rigoberta Menchú es de sobra conocida; su labor denunciando las violaciones de derechos humanos durante la guerra fue reconocida con el Premio Nobel de la Paz (1992) y el Premio Príncipe de Asturias de Cooperación Internacional (2008). Rosalina

dije—. Yo tengo derecho a apoyar a mi compañera". Y así se puso en la puerta, ¡y pues yo pasé abajo del brazo de él!».

Sebastiana, bajita, pasando casi sin agacharse por debajo del brazo del abogado: como en una escena cómica de cine mudo.

* * *

—¿Y qué pasó con su esposo? ¿Cómo fue separarse de él?

—Ya todo pasó, ya no me hace nada, ya no me dice nada, ya me da mis permisos para salir: «Ahí te cuidas, ahí te fijas tu camino, no te vayas a quedar debajo de un carro o una camioneta». Vivimos juntos, pero como a mí me duele todo lo que me hizo y ya no le quería ver allí en mi casa, estamos pues en cuartitos diferentes. Como mis hijos ya están grandes, me dicen: «Mamá, estate aquí en tu casa y mi papá aquí, para que nosotros no nos pongamos tristes».

Cambia de tema rápido, le incomoda hablar de ello. La lideresa aguerrida, que planta cara a agresores, a abogados cínicos, a jueces racistas, a políticos corruptos, sigue conviviendo con el hombre que la maltrató brutalmente durante más de dos décadas. No hurgo en la herida[8]. Doña Sebastiana

Tuyuc, menos conocida en el extranjero pero todo un icono en Guatemala, es la secretaria general de CONAVIGUA, la organización de viudas que reclaman el esclarecimiento de los asesinatos y desapariciones de sus maridos, víctimas de la represión militar. El comentario del abogado busca ridiculizar a doña Sebastiana por su trabajo como defensora de los derechos de las mujeres.

[8] La mayoría de lideresas guatemaltecas que entrevisté, cuando explicaban sus intervenciones en casos de violencia machista en el entorno familiar, transmitían que su objetivo era que el hombre dejase de maltratar para que hubiera una convivencia en paz. El divorcio sigue siendo, si no tabú, un mal a evitar. Las lideresas me contaban con orgullo historias en las que sus actuaciones habían provocado cambios radicales en la actitud de los maltratadores. Esto fue todo un choque para mí; intenté tratar de comprender que en su contexto priman la supervivencia y la cohesión de la comunidad sobre el deseo y las ansias de libertad.

prefiere seguir contando historias de otras mujeres. Como la que acompañó ayer mismo al juzgado de familia. Una madre soltera de dos niños que no puede pagar por sí misma la tasa por el suministro de aguas que le reclama el Consejo de Desarrollo Comunitario (COCODE)[9].

—La señora no puede defenderse, le dan miedo los COCODE. Vino llorando donde mí y yo le dije: «Tenemos que ir a averiguar a la Oficina de los Derechos Humanos». «¿Pero dónde es? Yo no conozco, ¡si yo no he salido de mi casa!», me dice. «Vamos, no llorés, ¿para qué estás sufriendo? Tiene que haber una ley, porque el deber de los niños es estudiar, no sacar agua potable ni pagar el chorro. ¡Defendete!», le digo yo. «Pero no le vayas a decir a los comités que te estoy aconsejando, porque entonces vienen encima de mí». Una vez ya me iban a linchar, pero yo no me dejé.

—Espere, cuente despacio cómo es eso de que la lincharon.

Doña Sebastiana explica la historia con minuciosidad, pero cuesta seguirle el hilo. La cosa fue algo así: ella era la vocal de una asociación de mujeres, y la presidenta de esa asociación, doña Juana, presionó para vincular la organización al Partido Patriota, la formación política conservadora que más alcaldías controla en Guatemala, fundada por militares implicados en graves violaciones de derechos humanos. Doña Juana pretendía que las integrantes de la asociación pagasen sin rechistar una cuota de 50 quetzales y firmasen proyectos

[9] Es un órgano de poder local dirigido por una Asamblea Comunitaria que dinamiza las políticas municipales. Cada COCODE forma parte del Sistema Nacional de Consejos de Desarrollo Urbano y Rural, una estructura descentralizada fruto de los Acuerdos de Paz que pretende garantizar que los recursos públicos lleguen a todas las áreas del país y que las personas no tengan que desplazarse a las ciudades para realizar trámites. Varias de las lideresas que entrevisté en Guatemala denunciaron abusos de poder por parte de los COCODE, sobre todo la tendencia a excluir o ignorar a las mujeres en su funcionamiento interno.

de colaboración[10]. Doña Sebastiana se encaró, y otras dos compañeras la apoyaron. La bronca fue subiendo de tono hasta que llegaron a las manos. El poder local, controlado por el partido, intervino. Encerraron a las tres insurrectas en un salón. Los COCODE les pidieron cuentas delante de toda la comunidad:

—¿Por qué estás hablando del Patriota? ¿Y por qué estás reclamando a doña Juana? Vos sos una abusiva.

—Porque nosotras, como mujeres, no tenemos dinero, y nosotras no estamos para recaudarle dinero a un partido.

—Ah, vos no sabés nada. Así que, ¿qué dicen ustedes?

El vecindario se encendió. Algunos insultaban a las mujeres, otros las apoyaban, hubo quien se burló:

—¿Qué va a saber ella? Si es una defensora de los derechos humanos. Era una de las que estuvieron en la montaña, por eso está aconsejando a las mujeres.

Doña Sebastiana se defendió:

—¿Pero por qué me estás diciendo que yo andaba en las montañas? ¿Acaso yo soy un animal? Yo no soy animal para que yo esté caminando en los bosques. Yo soy una persona. Por eso me estoy defendiendo, porque no me gustó lo que hicieron.

En realidad, doña Sebastiana entendió perfectamente la alusión a las montañas. En los años ochenta, cuando se recrudeció la persecución por parte del Gobierno contra la población indígena del departamento de Quiché, buena parte de esta dejó sus casas. Algunas familias se refugiaron en

[10] Una práctica que varias lideresas han denunciado es que los partidos políticos capten a mujeres organizadas como forma de crear disputas partidistas que debiliten el asociacionismo. En Olintepeque, asistí a una reunión de un grupo de mujeres que ha sobrevivido a los intentos de diferentes partidos políticos por desactivarlo, ofreciendo a las mujeres ir en puestos de relleno en las listas electorales o tentándolas con obsequios.

México o en departamentos más tranquilos de Guatemala. Otras huyeron a las montañas y desde ahí conformaron comités de resistencia para hacer frente a un ejército que, entre otras cosas, esclavizaba, violaba y mataba a las mujeres embarazadas abriéndoles el vientre para aniquilar primero a sus fetos. Según una investigación de la ONU, 200 000 personas murieron y 45 000 fueron sometidas a desaparición forzada durante el conflicto armado interno; el 80% eran indígenas mayas. El genocidio de la etnia maya ixil, los crímenes de guerra y de lesa humanidad siguen impunes[11]. Pero en las comunidades se siguen utilizando las mismas estrategias de desprestigio de aquella época. Las mujeres que desobedecen, que no se callan, siguen siendo acusadas de brujas, de alcahuetas, de guerrilleras, de malas mujeres que estuvieron en la montaña.

—¿Qué hacemos con esta señora, doña Juana?

—Ustedes verán si la van a chicotear [azotar a latigazos] o le van a quitar el pelo o la van a linchar. Mejor que la linchen[12], porque ella toda la vida está así: alcahueteando a las mujeres. Así hace con las parejas y así hace ahorita con el grupo.

[11] Escribo estas líneas pendiente del juicio de Sepur Zarco, un proceso histórico porque es la primera vez que se juzga en su propio país a militares por usar la violencia sexual como arma de guerra. Recomiendo las crónicas fotográficas de Cristina Chiquín (Grupo de Mujeres Ixchel): https://nuestramemorianuestraverdad.wordpress.com/category/casos/sepur-zarco/

[12] Los linchamientos siguen siendo una práctica normalizada en las comunidades indígenas de Guatemala. De las palabras de doña Sebastiana se desprende que los castigos a mujeres tienen una fuerte carga sexista: cortarles la melena (como también se hacía, por ejemplo, con las republicanas en la represión franquista o con las francesas que colaboraban con los nazis en la Segunda Guerra Mundial), arrancarles el huipil, para marcarlas como malas mujeres delante de la comunidad. La asociación Majawil Q'ij trabaja en recuperar los mecanismos de justicia comunitaria que se basan en la resolución pacífica de conflictos. No pude indagar sobre el asunto de los linchamientos, pero intuí, por alguna alusión indirecta, que son prácticas que reprueban en su defensa de la cosmovisión maya.

Sin moverse de la silla, doña Sebastiana se desató el pelo y habló con aplomo:

—En las manos de ustedes estoy, solita estoy aquí entre 60 o 65 hombres. Yo no les voy a decir nada. Si ustedes dicen que me linchan, línchenme; si ustedes dicen que me quite la blusa y me van a chicotear, chicotéenme, pues. Si me quitan el pelo, pues que me lo quiten. Pero yo sé algo de leyes y sé que la justicia está de mi lado.

El comité se reunió en una esquina a deliberar. Decidieron ser magnánimos.

—Mire, doña Sebastiana, a usted no le vamos a hacer nada ahorita, no la vamos a chicotear, ni le vamos a quitar el pelo ni la vamos a linchar. Pero le va a tocar pagar 4000 quetzales a doña Juana por el perjuicio.

4000 quetzales (más de 500 dólares) era una cifra exorbitada para doña Sebastiana. Elaborar un perraje sencillo, esa tela elástica en la que las indígenas transportan a sus bebés acoplados a su espalda, supone un mes de trabajo y lo vende por 200 quetzales. Para pagar la deuda, tendría que tejer veinte perrajes, durante veinte meses, sin contar los intereses bancarios. Protestó, pero no le quedó más remedio que pagar. Pidió un préstamo al banco, que todavía no ha terminado de pagar y que lastra su precaria economía.

—¿No le entra miedo con tanta amenaza, doña Sebastiana? —le pregunto.

—Ahorita me siento tranquila, pero a veces que yo me vengo a las capacitaciones les digo a las señoras: «¿Quién se quiere ir conmigo? ¡Vamos! Que se despierten sus mentes —digo yo—. Para que, si yo ya no existo aquí en el mundo, ustedes se queden».

A doña Sebastiana le inquieta mucho no tener relevo. Que nadie siga con su trabajo cuando ella, por algún motivo, natural o truculento, falte. Pero mientras tanto, no piensa claudicar:

«Yo ya no tengo miedo. Cuando yo voy a los juzgados o al Ministerio Público, tengo que pedirle a Dios, tengo que hincarme y decirle a Dios: Yo voy a apoyar a mis compañeras, porque no es justo lo que nos están haciendo como mujeres». Nos tratan mal, nos miran como que nosotras no sabemos nada, pero nosotras sí valemos, nosotras tenemos un valor como mujeres, y tenemos que apoyarnos.

»Aunque a veces hay hombres que me amenazan, me dicen: "Doña Sebastiana, va a llegar un día que te van a matar". Si me matan, que me maten. Dios está viendo que no estoy haciendo nada malo, sino que yo estoy apoyando a mis compañeras. Tal vez Dios me dejó sufrir antes para después apoyar a mis compañeras.

»Y ese es el trabajo que yo hago. Bueno, no he contado ni la mitad de historias, pero no nos alcanzaría el día».

* * *

Un día no alcanza, así que vamos a visitarla a su casa. En la carretera encontramos un puesto de frutas y preguntamos a la mujer que lo regenta si sabe dónde vive doña Sebastiana y si la conoce. Cómo no; la ayudó hace doce años. Su marido murió hace veinte y desde entonces un cuñado la empezó a golpear. Doña Sebastiana la acompañó al Ministerio Público y lograron meterlo preso veinte días. Desde entonces no la ha vuelto a golpear.

Nos señala el camino de tierra, atravesamos campos de milpa y doña Sebastiana nos recibe con su sonrisa generosa y su cuerpo redondeado. En el patio, engalanado con una buganvilia y un rosal, trabajan ella y sus dos hijas. Ella se dispone a tejer en un pequeño telar; las hijas hacen llaveros, monederos y muñequitos con hilos de colores.

Vende las artesanías en las reuniones y los talleres a los que asiste, y así van tirando. Nos despliega toda su oferta: pulseritas y collares de cuentas, servilletas, perrajes, gorritos de lana... Junto con sus hijas ha elaborado un huipil: nueve meses de trabajo y todavía no tiene precio, ha sido una prueba para incluirlo en su catálogo.

El patio está muy transitado. Nos acompañan gatitos recién nacidos, su madre, un pavo, pollitos, gallinas, un perro manso y grandullón, tipo mastín. Adivinamos la silueta y los bramidos de un toro que les sirve para obtener abono natural, los graznidos de los gansos y los ladridos estridentes de un perro que mantienen atado porque muerde. Muchos de esos animales son, en realidad, de su hijo y su nuera, que viven en la casa de al lado. Doña Sebastiana nos ofrece manzanas de sus árboles y nos muestra el aceite de ruda que elabora ella misma; recomienda usarlo para dar masajes a bebés.

Y nos sigue contando historias. La de una mujer que se ha separado de su marido, él dice que le va a quitar a sus dos hijos; que si ella no se los entrega, la mata. Ella tiene miedo a denunciar. Doña Sebastiana la anima. Pero claro, sabe que hay hombres que cumplen con sus amenazas. Ocurrió hace unos años en su cantón. El marido dijo a la esposa que tenía que aceptar que llevase a otra mujer a la casa. La esposa se opuso y él amenazó con matarla. Un día, le prometió un paseo en carro por la zona. Apareció muerta. Él asegura que los asaltaron, pero en el barrio nadie duda que la asesinó. La familia de la víctima no quiere denunciarlo: son evangélicos y creen que es pecado mandar a una persona a la cárcel.

—¿Organizaron algún homenaje en la comunidad, algún acto de duelo colectivo por esa muerte, doña Sebastiana? —le pregunto.

—No…

Contesta con la boca pequeña y se queda pensativa, como si no se le hubiera ocurrido esa posibilidad. Cada día se registran de media 15 muertes violentas en Guatemala; más de 1300 entre enero y marzo de 2015, según la Procuraduría de Derechos Humanos. Oxfam Intermón maneja el dato de 45 feminicidios al mes (mujeres asesinadas por el hecho de ser mujeres), es decir, un 10% del total. ¿Se puede pedir a un pueblo con esos niveles de violencia que llore a cada víctima, que salga a la calle para manifestar su conmoción? Las lideresas como doña Sebastiana no se cansan de repetir que el primer paso es desnaturalizar la violencia, y eso es complicado mientras siga siendo el pan de cada día.

«Me vienen a pedir consejo muchas mujeres y también hombres. Una vez vino un profesional, un ingeniero. Y yo le decía que cómo le iba a ayudar yo a él; él me dijo que lo que yo sé no se aprende en la escuela», cuenta orgullosa.

Aparece una adolescente: es su hija pequeña, a la que adoptó porque la madre biológica era una joven que no se podía hacer cargo de una criatura. La sienta en su regazo y le habla en quiché: que ponga atención a su camino, a sus estudios. La muchacha la escucha con esa mezcla de respeto y de tedio de una adolescente con modales. «Tú sabes que yo soy *k'amal b'e* [un referente para la comunidad], y me gustaría que tú también lo fueras, que pudieras compartir con tus amigas estos conocimientos que te estoy pasando».

Nos sentamos a comer en la mesa de la cocina de su casita de adobe. Mientras charlábamos en el patio, las hijas mayores nos han preparado un sabroso guiso de papas condimentado con cilantro y acompañado con atol de manzana. Doña Sebastiana se ríe de nuestro escaso arrojo a la hora de comer chile. A ella le encanta.

Lo más difícil es dar *pixab'* (consejo, enseñanza) a su propia familia. Nos habla de cada hija sin importarle la presencia de dos de ellas. Una es soltera, la acompaña a veces a los talleres y las visitas a mujeres, lo cual le viene muy bien porque doña Sebastiana apenas sabe leer ni escribir. Confía en que siga su trabajo de lideresa cuando ella no esté. La otra hija está separada y tiene una niña pequeña que se dedica a intentar atrapar a los gatitos recién nacidos.

¿Y la que no vive en la casa? Se casó y se fue a vivir a otra comunidad. El esposo no dejó que visitara a doña Sebastiana en un año, temía los consejos de una madre como ella. No le dejaba hacer gran cosa, solo las tareas de ama de casa. Doña Sebastiana se subía por las paredes. La historia se repetía. Pero una organización le pidió que propusiera a mujeres jóvenes para una beca en Europa. Propuso a su hija. Durante su ausencia, el esposo tuvo que apañárselas solo con las tareas del hogar. Y así empezó a valorar el trabajo de su mujer. Ahora todo va bien, asegura. Pero termina de almorzar con gesto sombrío.

Nos despedimos. Ya le hemos robado mucho tiempo. Le quedan dos mujeres a las que visitar para dar seguimiento a sus casos y, después, seguirá tejiendo hasta que anochezca. «Yo ya me siento cansada. Pero no quiero que el trabajo con las mujeres se muera conmigo».

* * *

Su trabajo es duro, pero a veces tiene recompensas. Me reencuentro con doña Sebastiana en Bilbao. ¿Quién le iba a decir que iba a salir de Guatemala a sus 63 años, cruzar el charco y recibir el calor de nutridos públicos aplaudiendo a rabiar su valiente testimonio? Doña Sebastiana es una de las lideresas que viaja para presentar en el País Vasco el documental para el que la entrevisté en Zaculeu[13]. Durante seis días, doña Sebastiana atiende ruedas de prensa, entrevistas, cineforos abiertos al público y jornadas con activistas feministas. Es como darle al *play*: basta una pregunta para que cuente su historia del tirón, para que explique la receta del té de ruda y la receta para reclamar justicia para las mujeres.

Aprovecha para improvisar en cada actividad un mercadillo con sus artesanías, y funciona bien porque ¿quién no quiere llevarse a casa un recuerdito de esta lideresa que sana los dolores de las mujeres violentadas?

Las organizadoras de la gira se preocupan porque la señora se agote con tanto trajín. Ella replica que se siente de vacaciones. En Euskadi no se levanta a las cinco de la mañana, no se pasa el día tejiendo, no se angustia con los desahogos de sus vecinas y se mueve en metro. Además, cuando se cansa, pues descansa. Da igual dónde le pille la modorra. En medio de una presentación, se echa una cabezadita mientras sus compañeras contestan las preguntas del público. Abre los ojos y se mete al público en el bolsillo con su salero.

Está encantada con que aquí comamos dos platos y postre. Come como una lima todo lo que le echan, pregunta mil y una veces cómo es que en Euskadi no se come tortilla de maíz, y se llena el delantal de pan para llevar a sus gallinas. Se lo pasó bomba paseándose como turista. Le encantó Puppy, el perro-arbusto de Jeff Koons que custodia el Guggenheim,

[13] El documental se llama *Ruda: mujeres indígenas organizadas por una vida libre de violencia en Guatemala* y lo realicé junto con Consuelo Mora para Oxfam Intermón. Se puede encontrar en YouTube.

lo fotografió más que al titán de Frank Gehry. Ella, que ya no teme a nadie, se descubrió aterrada ante las escaleras mecánicas del metro. «Venga, doña Sebastiana, uno, dos ¡y tres!». Se moría de la risa.

También lloró en algún momento. En medio de un almuerzo, entre anécdota y anécdota, de pronto soltaba alguna tremenda, como esa vez que su marido castigó a dos de los hijos metiéndoles en el temazcal y torturándoles con las brasas. Me entero de que el esposo se quedó desconcertado cuando su mujer dejó la casa para volar a Europa, a contar cómo había sobrevivido a él. Que el señor, ablandado por los años, soltó incluso alguna lagrimita.

Dice el lema revolucionario: «Nuestra venganza es ser felices». La venganza de doña Sebastiana culminó en Ondarroa, un pueblo pesquero de Bizkaia. Fue donde conoció el mar. Se aproximó despacito, con miedo al principio, agarrada a mi brazo y preguntando cuánto podía acercarse. Lo olió, lo rozó con las manos, se mojó la cara. Lástima que vestía medias y no pudo mojarse los pies en el gélido mar de noviembre. A Chichi se llevó, como prueba de su aventura, agua marina en un botellín y un puñadito de arena escondido en el delantal.

AGRADECIMIENTOS

Hace poco mi hermano me preguntó quiénes eran mis ídolos. Le dije que las personas reunidas en estas páginas son el tipo de heroínas en las que creo: las que no salen en los libros de texto pero que nos inspiran con «su radical libertad de ser» (como dijo Marta Lamas de Irina Layevska). Agradezco a todas las protagonistas la confianza y la generosidad con la que me contaron su historia o me permitieron colarme en sus rutinas, en sus reuniones y en sus juegos.

Este libro tiene algo de autobiografía o de diario, porque recorre los viajes y las gentes que me han marcado, desde Cuba en 2012 al Mercado de la Ribera de Bilbao en 2016. Quiero agradecer a algunas de las personas que hicieron posibles esos encuentros que tejen *10 ingobernables*:

A Bea, porque me «obligó» a emprender (junto con ella) ese anhelado primer viaje a Cuba; después inicié la búsqueda que me llevó a Yasmín y al Observatorio Crítico.

A Norma y Clara, por facilitar mi encuentro con Nicaragua (a través del programa feminista La Corriente). Por las pupusas y los vinos compartidos.

A Morena y la Colectiva Feminista, por invitarme a las jornadas de Suchitoto en las que conocí a Nicole y a tantas otras mujeres libres, lindas y locas.

A Gustavo y Brigitte, por propiciar que las autoridades venezolanas me invitasen a ese congreso de artistas e intelectuales en el que conocí a Irina y Nélida (y porque ahora puedo decir que estuve en la reunión secreta entre Maduro, Podemos, la CUP y ETA que se inventó cierto medio).

A Oxfam Intermón, por contar conmigo para el proyecto que incluía entrevistar a doña Sebastiana. A Xun, de Majawil Q'ij, por apoyar en la traducción del quiché.

A Manuela, por contaxiarme a súa paixón pola bugalliña e levarnos a coñecer ás señoras da aldea de Santo Estevo.

Itsasori, Ramonak taldearen bilerara gonbidatzeagatik, eta Klitto! aldizkariari, bilera hori bere ekimena izan zelako.

A Tere, por hablarme del ajero y acompañarme a hablar con él.

También quiero agradecer a otras personas que tienen mucho que ver con que haya escrito este libro:

A Lucía, por ser la mejor profesora de Periodismo de la UPV-EHU, por invitarme a participar en las redes de periodistas con visión de género, por sugerirme la locurilla de montar una revista y por asegurarse de que no falten panes ni jabones en nuestra despensa.

A Ander, porque *Los sótanos del mundo*, primero, y *La mina como escuela*, después, fueron gasolina para ponerme a funcionar como periodista. Por regañarme cuando escribo de manera perezosa o me pongo dogmática, por inyectarme autoexigencia pero también confianza en mí misma.

A Andrea, por compartir conmigo la «crianza» de *Pikara*, que despegó con su locura. Porque toda ella es un torbellino maravilloso. También a todas las colaboradoras de *Pikara*, porque he aprendido mucho leyendo y editando sus textos.

A Lucas, por ponernos las pilas con la interseccionalidad a las feministas de este lado del charco. ¡La revolución será interseccional o no será!

A Milagros y Rosario, las comadres del río, porque con ellas formé un hogar en Nicaragua y, aunque ya no esté la Racachaca, cuando vuelvo a Managua sigo sintiéndome en casa.

A Emilio, por proponerme esta aventura y ayudarme a quemar el corsé del periodismo diario.

A la Susanna, per compartir aquest projecte també amb mi, pels teus dibuixos i les teves abraçades. Y porque ¡se está tan a gusto!

A todas las personas (familiares, amigas, amores, colegas, jefes, maestras, «ancestras») que han hecho de mí otra ingobernable. A las que me han apoyado y a las que no. Ya lo dice Joumana Haddad: «También soy lo que me dijeron que no fuera».

OTRAS LECTURAS RECOMENDADAS DE LIBROS DEL K.O.

DÍA DE VISITA

MARCO AVILÉS

Fantasmas depravados, gatos que hablan de amor y otros secretos de una cárcel de mujeres

¿Qué hay detrás de los muros del penal de Santa Mónica?

Anita ha perdido el olfato como mecanismo de defensa ante el hedor de las instalaciones; el fantasma Mandingo viola a las reclusas en sueños; María vendió a su hija por el precio de un televisor usado y obtendrá la condicional el día de la madre; Rosario cumple una condena de 22 años por un delito que recuerda a las mejores tramas de novela negra; María Ángeles lleva tres años recluida sin conseguir el permiso para hacer el amor con su marido en una de las habitaciones conyugales.

Día de visita recoge quince historias que nos permiten atravesar los muros del penal y conocer los anhelos, miedos y dilemas de sus increíbles protagonistas.

www.librosdelko.com/products/dia-de-visita